CHAQUE PIÈCE, 20 CENTIMES.   THÉÂTRE CONTEMPORAIN ILLUSTRÉ   MICHEL LÉVY FRÈRES, ÉDITEURS,
635ᵉ LIVRAISON.   RUE VIVIENNE, 2 BIS.

MARCEAU

OU

LES ENFANTS DE LA RÉPUBLIQUE

DRAME EN CINQ ACTES ET DIX TABLEAUX

PAR

MM. ANICET BOURGEOIS ET MICHEL MASSON

REPRÉSENTÉ, POUR LA PREMIÈRE FOIS, A PARIS, SUR LE THÉÂTRE DE LA GAITÉ, LE 22 JUIN 1848.

DISTRIBUTION DE LA PIÈCE :

MARCEAU.....................	MM. Deshayes.	MONTOURNOIS.................	MM. Édouard.
KLEBER.......................	Emmanuel.	BOURBOTTE....................	Cassard.
BONAPARTE...................	Eugène.	UN COLONEL AUTRICHIEN.......	Hippol. Delafosse.
L'ABBÉ PASCAL................	Surville.	UN CAPITAINE.................	Laisné.
LE MARQUIS DE BEAULIEU......	Brémont.	UN NOTAIRE...................	Fonbonne.
FAUVEL.......................	Saint-Mar.	UN HUSSARD...................	
HENRI DE LOSTANGE, personnage muet.		GENEVIÈVE DE BEAULIEU........	Mmes Max.
BEAUGENCY....................	Neuville.	CROQUETTE....................	Léontine.
GALOUBET.....................	Francisque.	CORNELIA.....................	Potier.
TALMA........................	Rosier.	LA MÈRE GALOUBET.............	Cheza.
CHÉNIER......................	Taillade.	UNE FEMME DU PEUPLE..........	Robert.
ROBESPIERRE..................	Gouget.	Volontaires parisiens. — Peuple. — Paysans vendéens. — Soldats	
COCHEGRU.....................	Lesueur.	français. — Soldats autrichiens.	
ROBERT.......................	Charley.		

— Tous droits réservés —

ACTE PREMIER

PREMIER TABLEAU

LA FÉDÉRATION

Intérieur d'une tente en toile grise servant de cabaret et ouvrant au fond. — Plusieurs tables avec des bancs de bois. — A gauche, sur un pied en bois, un tonneau debout et défoncé. Il y a auprès un marche-pied qui sert à monter pour puiser dans le tonneau.

SCÈNE PREMIÈRE

CROQUETTE, Hommes, Femmes, puis BEAUGENCY.

Au lever du rideau, les tables se garnissent simultanément de personnes des deux sexes, portant des instruments de terrassiers.

PREMIER GROUPE à une table à gauche. Eh! la fille! la fille!
CROQUETTE, entrant. Voilà! c'est moi...
DEUXIÈME GROUPE, à droite. Par ici, garçon!
CROQUETTE, posant les verres sur la table. Voilà! c'est moi...
Croquette Gibouleau... Un peu de patience, vu que je suis

seule à servir. Mon parrain m'a laissée à la tête de son établissement pendant qu'il est allé chercher du liquide dans sa patrie... place aux Veaux. Faut que j'ai l'œil à la recette, l'oreille aux pratiques, la main à la pâte et le nez partout... C'est de l'ouvrage, pour une fille unique !

CRIS, à toutes les tables. A boire ! Du vin ! Une bouteille ! Une pinte ! Un broc !

CROQUETTE, allant au marche-pied. Un instant... je monte à la cave...

UNE DAME. Petite, je voudrais un verre d'eau.

CROQUETTE. De l'eau... nous n'en tenons pas... (A part.) Mon parrain a tout mis dans le même tonneau... (Puisant dans le tonneau avec un broc.) Ils sont pressés nos terrassiers du champ de Mars... au fait, la cérémonie de la fédération est pour midi. Heureusement qu'il ne s'agit plus que de donner un petit coup de main : cinq cents tombereaux de terre à charrier... Bah ! tout le monde s'en mêle, ça sera fait.. (Tendant le broc qu'elle vient d'emplir.) Qui demande le broc ?...

TOUS. Moi ! moi !

BEAUGENCY, qui est entré, tenant le broc. Ne parlons pas tous à la fois, régions la mise en scène.

CROQUETTE. Tiens ! ma passion... le superbe Beaugency !

BEAUGENCY. Oui, gentille Croquette, c'est moi, Alcindor Beaugency, comédien par état, amoureux par régime, qui me fais garçon marchand de vin au service de la nation, par extraordinaire et pour cette fois seulement.

Et puisque tu revois un ami si fidèle,
Ta fortune va prendre une face nouvelle.

Attention à la réplique... A qui le tour ?

TOUS. Par ici ! par ici !

CROQUETTE. Vous venez m'aider, c'est gentil de votre part... Enlevez ça, et faites payer.

BEAUGENCY, à un soldat placé à droite. C'est douze sols, mon camarade... Allons, payez, ç'à vous portera bonheur, fantassin !

Le premier qui fut roi fut un soldat heureux.

(Pendant la suite de la scène, les consommateurs sortent peu à peu, emportant leurs instruments de travail. A mesure qu'ils s'en vont, Croquette, tout en causant débarrasse les tables.)

CROQUETTE. Je peux dire que vous m'avez rendu un fier service... Sans vous, j'étais prise d'assaut.

BEAUGENCY. Je te connais... tu aurais capitulé.

CROQUETTE. Ah ça ! avez-vous une place enfin ? Ce monsieur Talma, votre ancien camarade du théâtre de Versailles, vous fait-il entrer aux Français ?

BEAUGENCY. J'ai mon engagement signé dans ma poche.

CROQUETTE. Alors, je veux une place d'ouvreuse de loges ou de comparse, quand je devrais paraître sur le théâtre avec une petite cotte blanche, un casque et une grande barbe. Je ne vous quitte plus... je m'attache à vous, ô Alcindor !

BEAUGENCY. Très-bien ! Mais modère-toi, voici des pratiques.

SCÈNE II

CROQUETTE, BEAUGENCY, TALMA, CHENIER. Talma et Chénier arrivent chacun d'un côté opposé, faisant rouler une brouette. Ils se rencontrent.

TALMA. Chénier !

CHÉNIER. Talma ! (Ils se donnent la main et descendant en scène.)

BEAUGENCY, à part. Mais oui, ce sont eux.

TALMA. L'auteur de *Charles IX* parmi nos terrassiers ?

CHÉNIER. Le superbe Achille roulant la brouette ?

TALMA. Ah ! Chénier, jamais spectacle plus grand, plus touchant que celui-ci ne s'est offert aux yeux des hommes. Cent mille citoyens de tout âge, de tout sexe, de toute condition, s'agitent, s'excitent, se fatiguent avec joie... La terre se meut sous les efforts multipliés ; l'air retentit de cris d'encouragement et de chants nationaux ; l'autel de la fédération s'élève comme par miracle... ah ! c'est beau, c'est sublime ! Tout un peuple ne formant plus qu'une armée, qu'un atelier, qu'une famille... n'ayant plus qu'un même amour au cœur... l'amour de la patrie !

BEAUGENCY. Croquette, rince bien les verres, ma fille. Tu vas avoir l'honneur de donner à boire au jeune poëte de la France révolutionnaire et au plus grand espoir tragique de notre scène nationale !

TALMA, lui frappant sur l'épaule. Eh ! c'est ce cher Beaugency, mon camarade de Versailles... Je le présente Chénier. Nous avons été sifflés ensemble ; je ne l'ai pas oublié... Ah ça ! tu es des nôtres, n'est-ce pas ?

BEAUGENCY. Avec ta protection, ça ne pouvait pas me manquer ; mais il était temps qu'on m'envoyât mon engagement à signer, car on m'en proposait un autre qui me tentait beaucoup...

CHÉNIER. Et pour quel théâtre !

BEAUGENCY. Pour le théâtre de la guerre. Dans ce moment d'enthousiasme et de patriotisme, l'amour de l'art a beau vous monter à la tête, l'amour du pays parle si bien au cœur, qu'on a de la peine à lui résister. Hier au soir, les deux engagements étaient là, sous mes yeux... ma plume allait de l'un à l'autre, et je ne pouvais pas me décider. Pour en finir, j'ai bu une bouteille, ça m'a étourdi, mais j'hésitais encore... j'en ai bu une seconde, ça m'a grisé... Alors, j'ai signé mon engagement de comédien. Que voulez-vous ? je n'avais plus la tête à moi...

TALMA. Le théâtre te fait de bonnes conditions, j'espère ?

BEAUGENCY, lui donnant un papier. Vois toi-même... Depuis que j'ai mis ma griffe sur ce papier, je n'ai pas eu le temps de le regarder.

TALMA, après avoir jeté les yeux sur le papier. Ah ça ! mais tu t'es trompé...

CROQUETTE. Il ne fait pas partie de la troupe ?

TALMA. Tu as signé ton engagement dans le 3e hussard.

CHÉNIER, qui a regardé. En effet !

BEAUGENCY. Vrai ! allons, c'est le vin qui l'a voulu... Je d sais aussi : il a du bon, ce vin-là.

CROQUETTE. Dans le 3e hussard !... Eh bien, qu'est-ce qu je deviendrai donc, moi, avec ma place d'ouvreuse de loges Grattez votre signature, Beaugency ; je vous ordonne d gratter !...

BEAUGENCY. Ma foi, non ! j'en suis fâché, Croquette... ma il faudra nous quitter... je suis soldat !...

CROQUETTE. Nous quitter ! ah ! mais, non, j'irai plutôt je sais où, et je me ferai je ne sais quoi !...

TALMA. Tu peux encore renoncer...

CHÉNIER. Oui, cela dépend de vous.

BEAUGENCY. Bien obligé, je reste hussard ; cet emploi vaut encore mieux que l'autre, on ne risque d'entendre siffl que les balles, et si l'on tombe, c'est avec honneur... revoir, Talma. Adieu, jeune poëte, je me rends au quartier A l'un de ces jours, Croquette. (Il sort par le fond.)

CROQUETTE. Plus souvent ! je cours après lui. (A un march de tisane qui passe.) Père François, gardez la boutique... les consommateurs en m'attendant, je reviendrai peut-être (Elle sort en courant ; le marchand de tisane dépose sa fontaine et se prêt à servir les consommateurs.)

SCÈNE III

TALMA, CHENIER.

TALMA, s'asseyant près d'une table à gauche. Toujours la même ce diable de Beaugency ! nous perdons là un brave camara

CHÉNIER, debout et appuyé sur la table de droite. Mais la Fran à ce que je prévois, gagne un bon militaire.

TALMA. A propos de militaires, grâce à toi, Chénier, j'ai f avoir cette nuit une affaire d'honneur.

CHÉNIER. Comment ?

TALMA, se levant et allant à Chénier. J'étais dans ma petite ch bre de l'hôtel du quai Conti, oubliant l'heure avancée e respect qu'on doit au repos des voisins. Je me promen grands pas, gesticulant, frappant du pied et déclamant de t la force de mes poumons cette scène de la tragédie *Charles IX* que vingt fois je t'ai prié de refaire, car je sens détestable. Tout à coup on heurte à ma porte ; puis ton bref et courroucé que on me glisse ces mots à travers la rure : « Le plus grand acteur du monde n'a pas le droit d un voisin incommode. » Pénétré comme je l'étais de mon sonnage, je ne sais pas au juste ce que je répondis à mo terlocuteur inconnu ; mais il répliqua avec fermeté : « Co il vous plaira, monsieur ! »

CHÉNIER. J'y suis... tu avais affaire à quelque grand lard de duelliste.

TALMA. Tu te trompes... Comprenant bientôt que j'av tort, je m'empressai d'ouvrir ma porte pour adresser excuses à celui de qui je troublais le sommeil. C'était un homme de vingt ans à peu près, à la physionomie sévère tempérait un regard d'une inexprimable douceur. Il é mes explications avec bienveillance, s'excusa même de vacité en me disant que loin de m'imposer silence, il eu le plus grand plaisir à m'entendre, si en ce mome n'eût été occupé avec un problème de mathématiques déclamation lui avait rendu la solution impossible. Pu causerie se prolongeant, nous nous quittâmes les me amis du monde. Nous devions même nous retrouver c au champ de Mars, près de l'autel de la patrie. J'ai trouv ce jeune homme un esprit cultivé, une âme ardente. Il aime la France avec passion et la gloire militaire par-dessus toute chose... J'ai pris des renseignements auprès de notre hôtesse : mon jeune voisin est sans fortune ; il n'a à Paris ni famille ni protecteur...

CHÉNIER. Et d'où vient-il ?

TALMA. De Valence... où il est en garnison, dans le quatrième régiment d'artillerie... On le nomme Bonaparte. Mais revenons à *Charles IX*. (Ils s'asseyent à la table à droite, François apporte une bouteille et deux verres.) Et à cette scène qu'il faut absolument modifier... Je crois avoir trouvé un nouveau mouvement.

CHÉNIER. Voyons... comment l'entends-tu ? (Ils continuent à causer bas.)

SCÈNE IV

MARCEAU, TALMA, CHÉNIER, puis PASCAL.

MARCEAU, entrant une pioche à la main ; il la pose sur la table à gauche. Ma foi ! en voilà assez... ma journée est faite. Depuis quatre heures du matin que je pioche la terre... j'ai bien le droit de me reposer et de me rafraîchir. (A François, qui est occupé à servir Talma et Chénier.) Garçon, une bouteille et un verre... non, deux verres. Je n'aime pas à me mettre seul à table. Mais parmi nos cent mille travailleurs, il se trouvera, j'espère, un camarade assez obligeant ou assez altéré pour faire raison au sergent Marceau. (Le garçon a placé sur la table une bouteille et deux verres. Pascal paraît.)

PASCAL, au fond, regardant Marceau. C'est ce jeune homme, je crois... oui, je reconnais l'uniforme.

MARCEAU, lui-même apercevant Pascal. Un prêtre au cabaret... c'est original... mais je n'aime pas ça.

PASCAL, approchant. Pardon, monsieur, je voudrais vous parler.

MARCEAU. A moi ! Attendez donc, je vous ai vu quelque part, il me semble.

PASCAL. Oui, ce matin nous avons travaillé ensemble au même talus.

MARCEAU. C'est bien cela. Et vous alliez même d'un cœur...

PASCAL. Le motif est si beau, si louable ! Réunir dans le même serment fraternel tous les enfants de la patrie, c'est encore propager l'Évangile, où il est écrit : Amour, et pour tous liberté.

MARCEAU. Bravo ! mon jeune théologien ! voilà ce qui s'appelle prêcher en patriote. Je crois que nous pourrons nous entendre. Faites-moi donc le plaisir de vous mettre à table.

PASCAL. Je vous rends grâce, monsieur.

MARCEAU. Il me fallait un second pour vider cette bouteille. Quoique nous ne portions pas le même uniforme, ce que vous venez de me dire me prouve que nous sommes dignes de trinquer ensemble. Acceptez, ou, morbleu ! je me mets en colère, et ce péché-là, mon révérend, vous retombera sur la conscience.

PASCAL, s'asseyant et présentant son verre. J'attends que vous versiez.

MARCEAU. Ah ! à la bonne heure !... (Il verse.)

CHÉNIER. Eh bien, Talma, tu ne continues pas ?

TALMA, qui s'est interrompu pour regarder vers la table à gauche. Pardon... je regardais ce jeune soldat... ce jeune prêtre. Vois donc Chénier, là... quel visage franc et ouvert ! Ici, quelle douce expression de mélancolie !

CHÉNIER. En effet !... Ils semblent personnifier l'un l'action qui vient de Dieu, l'autre la prière qui retourne vers lui.

PASCAL, élevant son verre. A vous... et à l'armée !

MARCEAU. A vous ! (Puis, s'adressant à Chénier et à Talma.) Au peuple.

TALMA, se levant, son verre à la main. A l'Église, citoyens !

CHÉNIER, de même. A celle qui les nourrit et les protége tous... à la France !

TOUS LES QUATRE, LEVÉS. A la France ! (Ils se rapprochent, trinquent ensemble, et chacun retourne à sa place.)

TALMA, bas à Chénier. Revenons à *Charles IX*. (Ils causent bas.)

MARCEAU, à Pascal. A présent, nous pouvons causer. Vous aviez, je crois, quelque chose à me demander ?

PASCAL. Non... mais une restitution à vous faire. (Lui montrant une petite bourse de soie verte.) Cette bourse ne vous appartient-elle pas ?

MARCEAU, vivement. Mais oui... Ah ! mon Dieu ! Et j'ai pu la perdre !

PASCAL. Au pied de ce même talus où je travaillais près de vous... quand je vous aperçus, vous n'étiez plus là ; depuis je vous cherchai vainement dans la foule, et je désespérais de vous rencontrer lorsque enfin je vous vis entrer sous cette tente, où je vous ai suivi au risque de vous paraître importun !

MARCEAU. Importun ! vous qui me rapportez cette bourse !... Ah ! mon ami, mon frère, vous ne savez pas, vous ne pouvez pas savoir le bien que vous me faites en me la rendant là... mon trésor, ma fortune, mon avenir... elle renferme tout cela.

PASCAL, souriant. En vérité ! elle est pourtant bien légère.

MARCEAU. Mon Dieu ! elle peut s'être ouverte en tombant. (Il ouvre la bourse et en tire un petit ruban bleu.) Non, le voilà ce cher ruban. (Il le baise.) Vous souriez ! ah si vous saviez de qui je le tiens !...

PASCAL. De votre sœur ?... de votre mère peut-être ?

MARCEAU. Non... il s'agit d'elle, entendez-vous. Je ne la nomme pas autrement... Mais que diable vais-je vous dire là !... une histoire d'amour... vous ne pouvez pas me comprendre.

PASCAL, soupirant. Peut-être ! Tenez, si j'en crois mon pressentiment... il me semble que nous sommes destinés à avoir de l'amitié l'un pour l'autre... Pour cela il faudra mieux nous connaître. Je ne vous demande pas votre confession ; mais veuillez entendre la mienne.

MARCEAU. Bien volontiers, et d'avance je vous donne l'absolution.

PASCAL. Comme vous, j'ai aimé... J'aime encore.

MARCEAU. Bah !

PASCAL. Et voyez quelle était ma folie... à une époque où le hasard de la naissance accablait l'enfant noble de dignités, de richesses, et condamnait fatalement l'enfant du peuple à l'obscurité, à la misère, moi, fils d'un simple laboureur, c'est à l'héritière d'un grand nom qu'en secret j'avais voué mon amour.

MARCEAU. Les jeunes filles ne partagent pas toujours les préjugés de leur famille, et celle que vous aimiez...

PASCAL. Ne l'a jamais su... J'étais sans espoir : je dus garder le silence... Vivant dans un village près du château qu'elle habitait, toute mon ambition se bornait à la voir passer de loin... à la suivre du regard... et quand elle avait disparu, je courais me prosterner en pleurant à la place où elle s'était assise, demandant au ciel qu'il m'accordât pour le lendemain le même instant de bonheur.

MARCEAU. En conscience, il ne pouvait pas vous refuser cela.

PASCAL. Elle partit. Oh ! alors la douleur me rendit fou ; en proie aux mauvais conseils d'une passion dont ma raison ne pouvait triompher, que Dieu me pardonne, j'allais mourir, mourir par le suicide.

MARCEAU. Vous !

PASCAL. L'arme était dans mes mains. En ce moment la cloche de l'église sonna : on conduisait à sa demeure dernière la dépouille mortelle de notre pasteur vénérable, vieillard, qui, bien pauvre et accablé d'infirmités, avait édifié tout le pays par sa charité inépuisable et sa résignation à souffrir. Devant cet exemple de courage, j'eus honte de ma faiblesse. Si je ne puis vaincre mon amour, me dis-je, je l'offrirai tous les jours en sacrifice à Dieu, et je le purifierai dans un sentiment universel de tendresse et de fraternité... Voilà pourquoi je suis prêtre, mon jeune ami... Maintenant, croyez-vous que je puisse vous comprendre.

MARCEAU. Certes, car mon histoire ressemble beaucoup à la vôtre, avec cette différence seulement que j'ai osé parler, moi, et qu'il est probable que je ne serai jamais curé !... C'est aussi d'une illustre héritière que je m'avise. Je l'ai connue à Chartres, où mon père Onésime Marceau, était greffier du bailliage criminel... Je me trouvais il y a un an, en permission de congé dans ma famille, quand je fus invité, grâce à un camarade d'école, fils d'un des premiers bourgeois de la ville, au bal qui se donnait dans la maison commune... Là, je la vis, je l'aimai. Le bal allait finir, et je n'avais point osé m'approcher d'elle. D'ailleurs, toute la jeune aristocratie de la ville formait comme une barrière entre la noble demoiselle et le pauvre sergent. Tout à coup un effroyable cri se fait entendre. Le feu ! On avait ouvert une croisée de la vaste salle ; un rideau de mousseline, soulevé par le vent à la hauteur d'un des candélabres, s'était aussitôt enflammé. Chacun alors ne songe qu'à son propre salut. Ma belle inconnue était la plus exposée ; la frayeur l'avait fait s'évanouir ; la flamme allait l'atteindre et personne n'osait aller à elle. Je m'élance, j'étouffe de mes mains le feu qui touchait déjà sa robe ; enfin je l'emporte jusque dans le jardin, où une vieille femme vint m'aider à la secourir. Quand la noble jeune fille rouvrit les yeux, je voulus m'éloigner, elle me rappela sa voix avait une angélique douceur. Elle me demanda comment elle pourrait jamais reconnaître le service que je lui avais rendu. Accordez-moi dis-je, la permission de garder ce ruban qui vient de tomber de votre coiffure... Pour toute réponse, elle sourit et me tendit la main. Le jour suivant, ne pouvant résister au désir de la revoir, je me présentai à son hôtel. Sa parenté avait su que j'étais d'une honnête famille, estimée dans la ville : elle me reçut avec bonté, me permit de revenir voir celle que j'avais sauvée. Quelques semaines après, mon congé expirait ; il fallait partir : j'allai faire mes adieux à ces dames. Pour la première fois, je trouvai la jeune demoiselle seule. J'avais apporté pour elle et je lui offris en tremblant un superbe bouquet de roses artificielles. Je n'en accepte qu'une me dit-elle en la détachant du bouquet ; elle suffit au souvenir, je la garderai toujours... Encouragé par ces paroles, je lui avouai franchement mon amour. Je le sentais si dévoué et si pur, qu'il me semblait que c'était l'honorer que de le lui dire.

PASCAL. Et que répondit-elle ?

MARCEAU. De cette voix qui pénétrait tout mon âme, elle me dit : Je ne me fais pas illusion sur le mérite de ma naissance et des richesses, mais je dépends de mon père : il peut m'interdire toute alliance qui répugne à son orgueil sans pouvoir me contraindre pourtant à un mariage que repousserait mon cœur. Vous êtes jeune, Marceau, vous êtes brave ; l'orage qui commence à gronder sur la France peut renverser bien des fortunes et en élever de nouvelles. Jusque-là, cachez votre amour, ne prononcez pas mon nom, je vous en prie ; mais conservez comme un talisman dans le danger, comme un symbole d'espérance pour l'avenir, ce ruban gage de ma reconnaissance. Moi, je garde cette rose, témoin de la promesse que je vous fais ici de ne me laisser briser sous le courroux de mon père plutôt que d'enchaîner ma destinée à un autre, tant que vous ne m'aurez pas dit : J'ai cessé de vous aimer... tant que je vous saurai vivant.

PASCAL. Et depuis vous ne l'avez pas revue ?

MARCEAU. Si fait, deux fois ; mais, fidèle à la réserve qu'elle m'a imposée, mon regard seul lui a exprimé l'émotion que me causait sa présence, et le sien m'a dit que je pouvais toujours compter sur elle.

PASCAL. Et maintenant, mon jeune ami, il vous est plus que jamais permis d'espérer : la noblesse héréditaire et les titres honorifiques sont abolis. Aujourd'hui, c'est à la naissance de l'homme, et non plus dans son tombeau, que l'égalité commence.

CHÉNIER, qui a entendu, à Talma. Je n'oublierai pas cela dans mon Fénelon. (Haut à Pascal.) Très-bien pensé, monsieur l'abbé.

TALMA. Et très-bien dit. (Montrant Chénier.) Vous pouvez le croire, c'est Chénier.

CHÉNIER, montrant Talma. Il s'y connaît, c'est Talma.

MARCEAU. Un poète, un soldat, un prêtre, un comédien se donnant la main... c'est la révolution qui se continue.

PASCAL. C'est la fraternité qui commence. (Ils se sont levés tous les quatre et forment un groupe au milieu de la scène en se donnant la main. Ils se séparent au moment où Bonaparte entre.)

SCÈNE V

LES MÊMES, BONAPARTE.

BONAPARTE, entrant vivement. On l'a vu entrer ici... (Apercevant Talma.) Ah ! le voilà !...

TALMA, allant à lui. Mon jeune voisin !... Chénier, je te présente monsieur Bonaparte.

BONAPARTE. Chénier ! je vous admirais sans vous connaître, permettez-moi maintenant de vous aimer.

MARCEAU, à Bonaparte. Aujourd'hui mon lieutenant tout le monde se serre la main.

BONAPARTE. Et je suis sûr, en pressant la vôtre, que je tiens celle d'un brave militaire.

MARCEAU. François-Séverin Marceau, pour le quart d'heure sergent au régiment de Savoie-Carignan, mais mieux que cela plus tard, il faut l'espérer.

TALMA, à Bonaparte. Ah ça, mon nouvel ami, vous n'êtes pas exact !... c'est à dix heures il me semble, que vous m'aviez donné rendez-vous près de l'autel de la patrie.

BONAPARTE. Et je ne vous aurais pas manqué de parole sans une rencontre que j'ai faite, rencontre qui m'a rendu bien heureux. Le général Paoli, le héros de la Corse est à Paris.

TOUS. Paoli.

BONAPARTE. Oui, je l'ai vu, je l'ai embrassé, ce grand homme. Avec lui je me suis transporté par la pensée dans nos montagnes où il a soutenu tant de luttes glorieuses contre nos oppresseurs. Vous me pardonnerez bien d'y être resté quelques moments et de vous avoir oublié près du vieux libérateur de mon pays, qui vient saluer à son berceau la jeune liberté de la France.

TALMA. Je te le disais bien, Chénier, mon voisin est un véritable patriote.

MARCEAU. Et qui de nous ne le serait pas ?

CHÉNIER. En effet, nous sommes à peu près tous au début de notre carrière.

BONAPARTE. Plus ou moins pauvres.

TALMA. Presque ignorés.

BONAPARTE. Nos aspirons tous à la gloire. (A Pascal.) Vous aussi, n'est-ce pas, monsieur l'abbé ?... la patrie a besoin de tant d'exemples de vertu !

PASCAL. Et la religion a tant de bien à faire !

MARCEAU. Hier, tous les chemins nous étaient fermés.

BONAPARTE. Aujourd'hui toutes les routes nous sont ouvertes.

CHÉNIER. La pensée n'a plus d'entraves.

PASCAL. L'amour du bien public, plus de limites.

BONAPARTE. Oh ! l'avenir est à nous !

PASCAL. Et quel avenir avec un tel peuple !

MARCEAU. Avec une telle armée !

CHÉNIER. Ce peuple, quel bonheur de l'émouvoir !

BONAPARTE. Oh ! l'armée ! quelle gloire de la commander !

MARCEAU. Il faut qu'on dise un jour le colonel Marceau !

BONAPARTE. Le général Bonaparte !

CHÉNIER. Le grand Chénier !

TALMA. Le célèbre Talma !

MARCEAU, à Pascal. Mais vous, qui ne dites rien, comment voulez-vous qu'on vous nomme ?

PASCAL, allant à Marceau. Votre ami, l'abbé Pascal.

SCÈNE VI

LES MÊMES, GALOUBET, qui est entré pendant les derniers mots.

GALOUBET, timidement. Pardon, excuse, messieurs ; y a-t-il quelqu'un parmi vous qui aurait travaillé au champ de Mars ?

MARCEAU. Nous tous, mon garçon.

GALOUBET. Alors il se pourrait qu'en remuant la terre, vous auriez trouvé ce que je cherche.

PASCAL. Qu'est-ce donc ?

GALOUBET. Cinq gros écus de six livres que j'ai semés sans le vouloir en roulant une brouette.

CHÉNIER. Si quelqu'un de nous a fait cette trouvaille, c'est n'est pas moi.

TOUS. Ni moi.

GALOUBET. Voilà ce que me répondent tous ceux à qui m'adresse. Il y a en même temps qui me rient au nez en me disant que, puisque je les ai semés, il faut que j'attende qu'ils poussent... et c'est bien mal à eux de plaisanter d'une chose qui va me forcer à me noyer ou à me pendre pour le moins. (Il remonte.)

PASCAL. Que dites-vous, mon ami ? est-ce qu'il faut avoir de ces idées-là ?

GALOUBET. C'est que, voyez-vous, j'appartiens à un maître bien dur, et si défiant ?... il a tant soin de son argent qu'il ne comprendra pas qu'on ne puisse en perdre. Pour moins que ça, il fait arrêter, comme voleur, mon camarade Guillaume, moi il me ferait condamner sans rémission... ma pauvre mère en mourrait de chagrin... J'aime mieux qu'on ne sache pas ce que je suis devenu et en finir tout de suite... bien fâché de vous avoir dérangés, messieurs. (Il fait un mouvement pour sortir.)

TALMA. Ce pauvre petit diable !

PASCAL. Mais nous ne pouvons pas le laisser partir ainsi. (Allant à Galoubet et l'arrêtant.) Conduisez-moi près de votre maître je lui ferai entendre raison.

GALOUBET. Ça n'y fera rien, d'autant plus qu'on m'envoyait ce matin toucher ses quittances, il m'avait défendu de me détourner de mon chemin ; mais voilà qu'en route j'entends dire que c'est la fête de tout le monde au champ de Mars. Pour lors je me suis dit : Ça doit être la mienne aussi ; ça m'en fait une. Je n'ai jamais eu que celle-là... mais elle ne m'aura pas porté bonheur... C'est égal ! j'ai bien travaillé... à présent, je vais me reposer où je vous ai dit.

BONAPARTE. Et tu crois que nous te laisserons faire ?

CHÉNIER. Messieurs, il s'agit de cinq écus : nous sommes cinq, je propose une collecte en faveur de ce garçon.

GALOUBET. Est-il possible ?

TALMA. J'avais la même idée.

GALOUBET. En vérité ?

MARCEAU. Et c'est l'abbé qui fera la quête.

PASCAL. A la condition que vous me permettrez de mettre premier à l'offrande. (Il prend la casquette de Galoubet.)

GALOUBET. Ah ! c'est beau ce que vous faites-là, voyez-vous. Ah ! mais je suis à vous à la vie, à la mort, à présent. (Marceau met un écu de six francs dans la casquette et fait la quête. Quand le tour de Bonaparte se présente, celui-ci se fouille et paraît embarrassé. Talma l'aperçoit, passe vivement devant lui.)

TALMA, donnant deux écus. Voici pour mon voisin et pour moi.

BONAPARTE. Que faites-vous ?

TALMA, allant à Bonaparte. Lieutenant, vous me rendrez ça quand vous serez général. (A Chénier.) Viens Chénier, allons si la cérémonie va bientôt commencer. (Ils payent leur écu garçon.)

PASCAL, à Galoubet. Tiens, mon garçon, tu n'as rien per...

porte cela à ton maître... Mais plus de mauvaises pensées, n'est-ce pas ! tu sais maintenant s'il y a une Providence.
GALOUBET, riant et pleurant. Une Providence ! mais c'est vous tous, messieurs... Les voilà bien mes cinq gros écus... pas les mêmes ; mais qu'ils sont jolis ceux-là. Je voudrais les garder comme des reliques. Non... Qu'est-ce que je dis ?... je ne sais plus... J'étouffe... c'est de joie... Oh ! si jamais vous avez besoin de moi. (Allant à tous.) Je m'appelle Isidore Galoubet, rue Honoré, numéro 109, au cinquième. Venez le jour, la nuit, à pied ou à cheval, je vous recevrai bien... Oh ! oui ! je vous recevrai bien... (Il sort. Chénier et Talma sortent aussi.)
MARCEAU. Voilà, j'en réponds, une aumône bien placée.

SCÈNE VII

MARCEAU, KLÉBER, PASCAL, BONAPARTE.

KLÉBER, à la cantonade. C'est bien, messieurs, venez me prendre ici, je vous attends.
MARCEAU. Eh ! mais, je connais cette voix-là.
KLÉBER, apercevant Marceau. Marceau, ce jeune sergent qui était il y a six mois en garnison à Béfort... Parbleu ! mon ami, le hasard me sert bien, je vous rencontre à propos.
MARCEAU, à Bonaparte et à Pascal. Messieurs, je vous présente l'un des hommes que j'estime le plus : tête chaude, bras de fer, cœur d'or ; l'architecte Jean-Baptiste Kléber.
KLÉBER. Fort inconnu à Paris. J'y viens pour la première fois fraterniser avec tous les départements de la France... et dès mon arrivée, je me trouve avoir à châtier un insolent.
PASCAL. Comment ! un duel ? dans ce jour de réconciliation générale.
MARCEAU. Qui diable s'est avisé de vous chercher querelle ?
KLÉBER. L'offense que j'ai à venger n'est pas positivement la mienne. Tout à l'heure un faquin, pour se faire passage, se permit d'insulter un vieillard qui avait à son bras une jeune personne... il les a violemment séparés... le vieux bonhomme, étourdi, renversé, allait être écrasé dans la foule, si je ne m'étais opposé comme une digue aux flots de la multitude... L'impertinent, que j'avais repoussé, m'a injurié : j'ai levé la main sur lui, et nous allons nous battre. Voici toute l'affaire. (A Marceau.) Vous serez mon témoin. (A Bonaparte.) Monsieur, vous êtes militaire, puis-je espérer que vous voudrez bien assister mon ami Marceau ?
BONAPARTE. Monsieur, j'honore la vieillesse ; qui l'insulte doit être puni. Comptez sur moi.

SCÈNE VIII

LES MÊMES, ROBESPIERRE donnant le bras à MADEMOISELLE DE BEAULIEU.

ROBESPIERRE. Entrons ici, mademoiselle, vous y trouverez un ami.
PASCAL, apercevant Geneviève. Mademoiselle de Beaulieu !
MARCEAU, de même. Geneviève ! Geneviève à Paris !
GENEVIÈVE, courant à Pascal. Ah ! monsieur Pascal ! (En se retournant, elle aperçoit Marceau.) Monsieur Marceau !
PASCAL. Vous m'avez reconnu, mademoiselle.
GENEVIÈVE. Sans doute ; et pourtant quand nous nous sommes vus pour la dernière fois, vous ne portiez pas encore cet habit ; mais vous ne pouvez que l'honorer, vous êtes un si digne jeune homme !
ROBESPIERRE. Je puis vous quitter, mademoiselle, vous n'êtes plus seule maintenant.
GENEVIÈVE. Mille fois merci de votre protection, monsieur. Je ne crains plus rien, je suis sous la sauve-garde d'un ami.
MARCEAU, à part. Elle m'a regardé.
PASCAL. Comment ! monsieur n'est donc pas un de vos parents ?
ROBESPIERRE. J'ai rencontré mademoiselle égarée dans la foule au moment où le secours d'un bras lui était nécessaire... elle a bien voulu accepter le mien.
GENEVIÈVE. Avec reconnaissance, monsieur ; car je viens d'être séparée brusquement de mon père. Entourée, pressée de toutes parts, je ne pouvais aller vers lui ; je l'appelais en vain ; une multitude immense, impénétrable, arrêtait mes pas, et son murmure étouffait le bruit de ma voix.
KLÉBER, bas à Marceau. C'est elle ! c'est la fille de ce vieillard maltraité par mon insolent adversaire.
MARCEAU. Ah ! vous avez bien fait, Kléber, de le provoquer. Si vous ne le tuez pas, je le tue moi !
PASCAL, qui est allé près de Robespierre. Merci, monsieur, merci pour mademoiselle, merci pour moi.
GENEVIÈVE, à Robespierre. Avant de vous quitter, monsieur, je voudrais savoir à qui je dois cet important service ?

ROBESPIERRE. Mon nom est si peu connu que vous l'oublierez facilement. Cependant, puisque vous voulez le savoir, on me nomme Maximilien Robespierre, député d'Arras, à l'assemblée constituante. J'ai l'honneur de vous saluer, mademoiselle. Messieurs, je vous salue. (Il sort. Kléber, Pascal et Bonaparte l'accompagnant vers le fond.)

SCÈNE IX

LES MÊMES, excepté ROBESPIERRE.

MARCEAU, bas à Geneviève. Geneviève, c'est vous que je revois.
GENEVIÈVE. J'en suis heureuse, Marceau... mais rappelez-vous votre promesse. Vous ne savez pas mon nom, vous ne me connaissez pas.
MARCEAU. C'est vrai, j'ai promis.
GENEVIÈVE, à Pascal, qui revient. Je ne puis rester ici, monsieur Pascal, il faut à tout prix que je retrouve mon père.
KLÉBER. Je puis vous rassurer, mademoiselle : ainsi que vous, il a été bien protégé, je vous en réponds.
GENEVIÈVE. Oh ! merci ! mille fois merci ! car je suis seule cause de ce qui arrive aujourd'hui. Mon père, le marquis de Beaulieu, ne voulait pas venir à cette fête ; s'il y est venu, c'est fatigué de mes instances... Ah ! s'il lui était arrivé malheur, c'eût été pour moi un remords éternel.
MARCEAU. Rassurez-vous, mademoiselle, il a eu pour protecteur mon ami Kléber.
GENEVIÈVE. Mais ne me retrouvant plus à ses côtés, son premier soin aura été de se rendre à notre hôtel. Voulez-vous bien m'y conduire, monsieur Pascal ?
PASCAL, hésitant. Moi, mademoiselle...
KLÉBER. Eh bien, monsieur l'abbé, vous hésitez ?
PASCAL. Non, monsieur ; défendre et protéger, c'est aussi le devoir de mon état. (Il va prendre son chapeau.)
MARCEAU, à Geneviève. Vous avez toujours la rose rouge ?
GENEVIÈVE. Toujours... Et vous, mon ruban bleu ?
MARCEAU. Toujours.
PASCAL, offrant son bras à Geneviève. Venez, mademoiselle.
MARCEAU. Au revoir, l'abbé.
PASCAL. Je ne l'espère pas. Je pars demain pour Verdun, où l'évêque m'appelle... Bien du bonheur, Marceau.
MARCEAU, à lui-même. Du bonheur ! ah ! j'en ai eu aujourd'hui. (Ils sortent.)

SCÈNE X

MARCEAU, KLÉBER, BONAPARTE ; ensuite FAUVEL, BEAUREPAIRE et HOCHE.

BONAPARTE. Votre adversaire se fait bien attendre.
MARCEAU. Ce qu'il a fait est l'action d'un lâche. Je gage qu'il ne viendra pas.
FAUVEL, entrant avec Beaurepaire et Hoche. Si c'est de moi que vous parlez, vous vous trompez, monsieur, car me voici.
MARCEAU, le regardant. Qu'ai-je vu ! Mais non, je ne me trompe pas, c'est lui.
FAUVEL, à part. Le sergent Marceau !
KLÉBER, montrant Marceau et Bonaparte. Voici mes témoins, monsieur.
FAUVEL. Et voici les miens. Le citoyen Beaurepaire, lieutenant aux cuirassiers, et le citoyen Hoche, adjudant de la garde nationale de Paris... Quand vous voudrez.
KLÉBER. A l'instant. Toute la population parisienne est au champ de Mars ; nous trouverons facilement un endroit isolé pour vider cette querelle.
FAUVEL. Eh bien, partons.
MARCEAU, qui a examiné attentivement Fauvel. Un moment... Vous vous nommez Antoine Fauvel, n'est-ce pas ?
FAUVEL. Sans doute.
KLÉBER. Qu'importe ?
MARCEAU, allant à Kléber. Kléber, vous ne pouvez pas vous battre avec cet homme.
FAUVEL. Et pourquoi donc ?
MARCEAU, à Fauvel. Parce que tu es flétri.
TOUS. Lui !
FAUVEL. Oh ! taisez-vous, monsieur !
MARCEAU. Non. Je dirai ton infamie. Il servait dans le même régiment que moi, en qualité de chirurgien aide-major. Le peuple de la ville où nous étions en garnison, accablé de corvées et d'impôts, réduit au désespoir, releva un jour la tête et réclama ses droits. Le général qui nous commandait ordonna une charge meurtrière contre ces malheureux. Ordre de faire feu nous était donné ; mais indigné de cet acte de barbarie dont on voulait nous faire complices, nous tirâmes en l'air. Le général, furieux, court à un vieux soldat, placé au

premier rang, et le frappant de son épée au visage, le blesse grièvement. Notre camarade, ne pensant qu'à l'insulte qu'il recevait ainsi devant tous, arrache l'épée de la main du général, la brise et en jette au loin les éclats.

BONAPARTE. C'est là un crime que la discipline ne pardonne pas.

MARCEAU. Nous comprenons aussitôt le danger que court le vieux soldat, et nous ouvrons nos rangs pour protéger sa fuite. Il parvient à se sauver. Le général, animé par le besoin de la vengeance, offre une récompense de vingt-cinq louis à qui livrera le coupable. Tous, nous connaissions sa retraite, tous avions juré de souffrir mille morts plutôt que de livrer notre camarade; mais pour panser la blessure du vieux Maurice, il nous fallut avoir recours à l'aide du chirurgien du régiment. Avant de le conduire auprès de notre camarade, nous avions exigé de lui le serment de ne pas dénoncer celui qu'il allait secourir... Le chirurgien avait promis, juré sur son épée, sur son honneur, et le lendemain, messieurs, notre frère avait été vendu. Dans la même journée, il fut pris, jugé, fusillé. Le misérable qui l'avait dénoncé, c'est Antoine Fauvel, chirurgien au régiment de Savoie-Carignan, et cet Antoine Fauvel, ce lâche, ce Judas qui déshonore l'uniforme, c'est lui.

TOUS. Lui !

MARCEAU. Kléber, on ne se bat pas avec un assassin, on le flétrit, on le marque, et c'est ce que nous avons fait. Les vingt-cinq louis trouvés dans sa chambre avec une lettre du général étaient une preuve sans réplique. A son tour, le dénonciateur fut jugé, condamné par nous. Il porte au cou l'empreinte d'une de ces pièces d'or rougie au feu. — Tenez, cette marque de son infamie, cette marque ineffaçable... la voilà. (Il lui arrache sa cravate.)

BONAPARTE. Nous n'avons plus rien à dire à cet homme, il peut se retirer.

KLÉBER. Deux mots seulement. On ne peut pas se battre avec vous, maître Fauvel; mais on peut toujours châtier l'insolence, ne l'oubliez pas.

FAUVEL. Oh! je n'oublierai rien de ce que je viens d'entendre... Marceau, Kléber, je me souviendrai de vous. (Il sort.)

SCÈNE XI

MARCEAU, KLÉBER, BONAPARTE, puis CHÉNIER, TALMA, ensuite BEAUGENCY, CROQUETTE.

KLÉBER, à Marceau. Merci, mon jeune ami; sans vous, j'allais me déshonorer en me battant avec ce misérable. (Fanfares au dehors.)

CHÉNIER, arrivant du fond. Les voilà... les voilà...

TALMA, de même. Entendez-vous le bruit des fanfares, le roulement des tambours? c'est la fête qui commence; la France entière vient jurer fraternité sur l'autel de la patrie.

BEAUGENCY, arrivant en costume de hussard. J'en suis, de ce serment-là.

CROQUETTE, en cantinière. Et moi aussi, je suis, de tout à présent que me voilà cantinière. (Nouvelles fanfares.)

KLÉBER. Chapeau bas, messieurs! honneur à la fédération nationale! (Tout le fond de la tente s'ouvre entièrement; une foule d'hommes, femmes, enfants entrent précipitamment, monte sur les tables et sur les chaises.)

DEUXIÈME TABLEAU

On voit le champ de Mars dans toute son étendue. Les gardes nationaux en occupent déjà une partie. Le cortège de la fédération défile avec ses drapeaux et ses bannières, au cri de : Vive la Nation !

ACTE DEUXIÈME

TROISIÈME TABLEAU

L'ASILE DU PRÊTRE

Une chambre du logement de Galoubet. — Au premier plan, à droite, la porte conduisant chez la mère Galoubet. — Au deuxième plan, à droite, porte conduisant au dehors. — Au premier plan, à gauche, porte conduisant chez Galoubet. — Au deuxième, le matériel d'une petite imprimerie. — Au fond, une fenêtre. — Quelques chaises, une table, à droite au premier plan.

SCÈNE PREMIÈRE

GALOUBET, COCHEGRU.

COCHEGRU. Quelle belle invention que l'imprimerie !

GALOUBET, se levant. Voilà ma dernière feuille tirée. Tantôt, voisin Cochegru, je m'occuperai de la carte de restaurateur.

COCHEGRU. Choisis-moi tes plus jolis caractères... ça flatte l'œil du consommateur... ç'a l'engage à dépenser...

GALOUBET. Passe-moi ta copie.

COCHEGRU. Tu veux dire ma carte... Je l'ai dans ma poche. En as-tu noirci de ce papier, depuis que tu t'es mis à t[e] compte !...

GALOUBET. Mais oui, à commencer par les proclamations [de] M. de La Fayette jusqu'au journal du père Duchêne.

COCHEGRU. Qu'est-ce que tu viens de barbouiller là ?

GALOUBET. Ma foi ! je ne sais pas... j'imprime toujours, e[t] je lis peu.

COCHEGRU. Voyons un peu le titre... (Lisant.) Le Souper [de] Beaucaire... Il n'y a pas de nom d'auteur.

GALOUBET. Il veut garder l'anonyme... mais je le conna[is] Je t'ai conté, dans le temps, mon aventure du champ de M[ars] le jour de la fédération...

COCHEGRU. Oui... oui... l'histoire des cinq écus donnés pa[r...]

GALOUBET. Cinq braves jeunes gens, auxquels, de ce jo[ur] là, je me suis dévoué corps et âme...

COCHEGRU. Eh bien ?

GALOUBET. Eh bien, cette brochure est l'ouvrage d'un [de ces] cinq... J'avais été près de trois ans sans les pouvoir rencon[trer] ni les uns ni les autres ; mais leurs figures étaient restées l[à] Il y a quinze jours environ, sous les marronniers des Tu[ileries], je remarque un jeune homme qui se promenait avec les mains derrière le dos, la tête baissée, et l'esprit je ne [sais] où... il ne voyait personne... mais moi, j'avais reconnu un [de] mes protecteurs du champ de Mars. Ma foi, au risque de [le] déranger, je vais à lui, je l'arrête... il fronce le sourcil a[u] bord, puis sourit en me nommant... Il avait retenu mon n[om] il me demande ce que je suis devenu ? Imprimeur, qu[e je] réponds, rue Honoré, 109, et toujours à votre service. [Le] lendemain, il m'apportait à imprimer ce manuscrit..., que [tu as] en fièrement de mal à déchiffrer... Regarde-moi ça, Cochegr[u.] (Il lui montre le manuscrit.)

COCHEGRU. En v'là une écriture !

GALOUBET. Je n'en ai jamais vu de pareille... on dirait [que] tous les chats de la République y ont mis la patte...

COCHEGRU, montrant sa carte écrite en gros. En fait de belle [écri]ture, parlez-moi de ça, à la bonne heure ! et avec une pi[ncée] de cuisine !... Ah ! à propos de cuisine, n'oublie pas la fête ce soir.

GALOUBET. C'est donc décidément aujourd'hui que [nous] aurons...

COCHEGRU. Le grand banquet patriotique... tu sais ? [tout] Paris ne sera tantôt qu'une superbe salle à manger dan[s la]quelle on aura dressé une table de cinq cent mille couv[erts,] table immense où tout le monde aura sa place... un as[sez de] siéges pour s'asseoir... Voyons un peu ce que ton mob[ilier] pourra fournir : tu as cinq chaises ici, deux fauteuils dan[s la] chambre de ta mère, et dans la tienne...

GALOUBET, avec inquiétude. La mienne... tu la connais bi[en,] il y a un lit, une table, une armoire et une chaise...

COCHEGRU. Deux !

GALOUBET. Une !

COCHEGRU. Deux... je parie... Voyons tout de suite... (Il va à la porte.) Tiens ! où donc est la clef ?

GALOUBET. Ma clef !... Ah ! c'est ma mère qui l'aura portée ce matin !

COCHEGRU. Quelle drôle d'idée ! Elle prend la clef de [ton] logement, et laisse la sienne dessus sa porte...

GALOUBET. Je vais te dire, voisin Cochegru, elle [se fait] vieille, la pauvre mère, et dame ! par moments, sa t[ête...] Enfin, sois tranquille... on descendra toutes les chaises [de la] maison.

COCHEGRU. Tu sais que chacun apporte sa vaisselle, [ses] verts, son pain, son vin et son plat; si la maman Galoub[et n'a] pas le temps de cuisiner, j'apporterai ton dîner; beauc[oup de] voisins m'ont prié de leur rendre ce petit service... et tu [com]prends, je ne pouvais pas leur refuser ça... comme patri[ote.]

GALOUBET. Certainement... et comme traiteur non plu[s.]

COCHEGRU. Dieu ! que ce sera beau !... Vois-tu devant t[oi] les maisons ces cent mille tables les unes au bout des a[utres] n'en formant qu'une seule ? La table de la patrie !...

GALOUBET. Ah çà ! qu'est-ce que tu mettras, toi, sur la [table] de la patrie ?

COCHEGRU. Moi! j'ai plus de deux cents plats à servir...
GALOUBET. Oui... mais que tu feras payer...
COCHEGRU. Comme traiteur...
GALOUBET. C'est juste... mais enfin, comme patriote... qu'est-ce que tu fourniras?...
COCHEGRU. Je fournirai... mes garçons... et ils feront le sacrifice de leur pour-boire!... C'est pour cinq heures... à tantôt!... (Il sort par la porte du fond.)

SCÈNE II

GALOUBET, puis LA MÈRE GALOUBET.

GALOUBET. C'est heureux que j'ai cette clef dans ma poche. Un moment j'ai eu peur. Si ce curieux de Cochegru avait regardé par le trou de la serrure, il aurait pu voir mon locataire, et c'est celui-là qui a besoin de garder l'anonyme. Pauvre cher homme! hier encore il voulait s'en aller pour ne pas nous compromettre... Mais tant qu'il y aura du danger pour lui, il restera ici...
LA MÈRE GALOUBET, entrant. Bonjour, petit.
GALOUBET. Bonjour, m'man.
LA MÈRE GALOUBET. Voilà une lettre pour toi, mon enfant.
GALOUBET. Une lettre de la province, et qui n'est pas du pays. Qui diable peut m'écrire? Voyons la signature, d'abord... Hein! Marceau! c'est signé Marceau: vous savez, m'man? un des cinq...
LA MÈRE GALOUBET. Oh! j'ai, comme toi, bien retenu leurs noms : Marceau, Talma, Chénier, Bonaparte, etc...
GALOUBET. Chut! Voyons vite ce qu'il m'écrit : « Mon cher enfant, te souviens-tu encore de moi ? » (Parlant.) Si je m'en souviens! (Lisant.) « Je n'ai oublié ni ton nom, ni ton adresse... ni tes offres de service. Je serai à Paris quelques jours, quelques heures peut-être après ma lettre... » (Parlant.) Il va venir, je le reverrai... (Lisant.) « Pour un motif que tu connaîtras plus tard, je désire me loger rue Honoré, et même si cela était possible, dans la maison. Cherche-moi donc un local bien simple, bien modeste, car les officiers de la République ne sont pas riches; je compte sur toi. A bientôt. Salut et fraternité, Marceau. » Il va arriver aujourd'hui, tout à l'heure, vous le connaîtrez, m'man, et vous l'aimerez aussi, j'en suis sûr. Quelle malheur qu'il n'y ait pas de logement vacant dans la maison!
LA MÈRE GALOUBET. Il y en aura un ce soir... là, sur notre carré...
GALOUBET. Celui qu'occupe cette demoiselle si jolie, si intéressante, et à laquelle vous avez fait avoir de l'ouvrage?
LA MÈRE GALOUBET. Juste. Quand elle a emménagé dans la maison, il y a six mois, elle était en deuil de son père... et avait avec elle un vieux bonhomme qu'elle appelait son oncle devant le monde, mais qui, j'en suis certaine, était quelque ancien serviteur de la famille, car il ne lui parlait jamais que chapeau bas, comme à une princesse. Le vieux Dominique est mort il y a deux mois... La jeune fille s'est trouvée toute seule. Elle avait bien sa famille en Vendée, mais elle était sans ressources pour faire le voyage, et Dieu sait comme elle a bravement travaillé pour gagner sa vie... Autrefois, c'était son oncle soi-disant qui allait porter son ouvrage, et qui faisait les petites provisions. Oui, vous êtes plus, c'est moi.
GALOUBET. Oui, vous êtes bonne pour tout le monde, m'man.
LA MÈRE GALOUBET. Tout à l'heure, je suis entré chez ma petite voisine. Elle pleurait, et une lettre qu'elle venait de lire était ouverte sur sa table... En me voyant, elle a annoncé qu'elle allait partir, qu'en vendant quelques bijoux qu'elle avait, elle pourrait payer le propriétaire. « Et frais de votre voyage? que je lui ait dit... — Le bon Dieu y pourvoira, m'a-t-elle répondu il faut que je parte!... » Puis, elle a ajouté en me prenant la main : « Vous êtes une si bonne mère, madame, que vous devez avoir de la religion... Je puis donc vous l'avouer... je partirais avec courage, avec confiance, j'aurais de la force pour arriver au terme de ma route, si un ministre de Dieu m'avait bénie!... Mais, hélas! toutes les églises sont fermées!... » Et elle pleurait bien fort... Ma foi, en la voyant si malheureuse, je lui ait dit...
GALOUBET. Quoi donc?
LA MÈRE GALOUBET. Que j'espérais qu'elle partirait ce soir avec la bénédiction d'un prêtre que je connaissais, et près duquel je la conduirais.
GALOUBET. Voilà une imprudence!... Mais vous ne savez donc pas que si ce secret que nous cachons si bien était découvert...
LA MÈRE GALOUBET. Ah! sois donc tranquille, ce n'est pas la voisine qui nous dénoncerait... Au reste, je vais consulter l'abbé... s'il partage tes craintes, s'il refuse de voir la petite, eh bien, je dirai à la pauvre enfant que le prêtre dont je lui avais parlé a quitté Paris.
GALOUBET. On monte l'escalier. (Ouvrant la porte à gauche.) Entrez vite, puis vous sortirez par le petit corridor : il ne faut pas que cette porte-là s'ouvre quand j'ai du monde ici. (La mère Galoubet sort par la porte à gauche, au premier plan.)

SCÈNE III

GALOUBET, puis BONAPARTE.

GALOUBET. Je ne me trompais pas, c'est une visite qui m'arrive... (On frappe.) On y va! (Il va ouvrir. Bonaparte entre. Il est en costume militaire : petite tenue de capitaine d'artillerie.)
BONAPARTE. Bonjour...
GALOUBET. Salut et fraternité, citoyen.
BONAPARTE. As-tu fini?
GALOUBET. Voilà la dernière feuille.
BONAPARTE. Bien, j'aime l'exactitude.
GALOUBET. Ce n'est pas à vous, mon officier, que Galoubet aurait voulu manquer de parole.
BONAPARTE. Puis-je corriger ces épreuves chez toi?
GALOUBET. Chez moi!... mais, vous êtes chez vous, mon officier!
BONAPARTE. Merci. (Il se place devant une table, au premier plan à droite.)

SCÈNE IV

LES MÊMES, TALMA, CHÉNIER.

TALMA, sur le seuil de la porte, et à Chénier. Je te dis, moi, que je l'ai vu entrer dans cette maison... et mort de ma vie! cette fois, il ne m'échappera pas! (Il entre.) Et tiens, le voici!
BONAPARTE, se retournant. Talma!...
GALOUBET, à part. Les citoyens Talma et Chénier, tous les deux chez moi!... M'man qui n'est pas là!...
TALMA, à Bonaparte. Enfin, je vous trouve donc, mon voisin! Comment vous êtes à Paris, je vous attends tous les jours, et vous ne venez pas?
BONAPARTE. Pardonnez-moi, Talma. Depuis mon retour de l'armée, je vis fort retiré; je consacre mon temps presque tout entier aux soins que réclame ma famille, dont je suis le chef aujourd'hui... Enfin, j'ai voulu mettre à profit les loisirs que me laissent les bureaux de la guerre. Pauvre officier sans emploi, à défaut de l'épée, j'ai pris la plume pour servir encore mon pays.
CHÉNIER. Vraiment! vous écrivez pour le public? alors, touchez là, mon confrère!
BONAPARTE. Citoyen Chénier, je vous salue. Quand vous êtes entrés, je commençais à corriger une épreuve.
TALMA, regardant autour de lui. En effet, nous sommes ici...
GALOUBET, s'avançant. Chez Isidore Galoubet, imprimeur.
TALMA. Galoubet?
CHÉNIER. Notre petit protégé du champ de Mars.
GALOUBET. Prêt à vous servir, partout et toujours.
CHÉNIER. Ah! tu imprimes?
BONAPARTE, lisant son épreuve. Oui, et assez correctement.
CHÉNIER. Eh bien, petit, je te donne ma clientèle.
GALOUBET. Vrai?
CHÉNIER. J'ai justement sur moi des vers que j'ai composé cette nuit.
TALMA. Une épître?
CHÉNIER. Non, un couplet.
TALMA. Un couplet! Comment, Chénier, toi, l'auteur de Fénelon, tu fais concurrence aux citoyens Barré, Radet et Desfontaines?...
CHÉNIER. Je me trompais. C'est une strophe ajoutée par moi à une hymne déjà célèbre, fille sublime de la liberté et qui doit avec elle faire le tour du monde!
TALMA. La Marseillaise?
CHÉNIER. Oui, j'ai osé mettre la main à l'œuvre immortelle de Rouget de l'Isle; il a traduit l'élan énergique des hommes; moi j'ai voulu exprimer les vœux de la génération qui s'élève. — Écoutez :

Nous entrerons dans la carrière
Quand nos aînés n'y seront plus.
Nous y trouverons leur poussière,
Et l'exemple de leurs vertus, (bis.)
Bien moins jaloux de leur survivre
Que de partager leur cercueil,
Nous aurons le sublime orgueil
De les venger... ou de les suivre!

TOUS, avec entraînement.

Aux armes, citoyens!... etc.

TALMA. Bravo, Chénier ! si j'étais Laïs, je voudrais chan'er cela sur le théâtre de la nation.
BONAPARTE. L'œuvre de Rouget de l'Isle est d'un patriote, ces vers sont d'un grand poëte.
CHÉNIER. Vous approuvez ; Eh bien, mon garçon, tu imprimeras ma strophe.
GALOUBET. Avec vénération. (Bruit de voiture.)
TALMA. Une voiture s'arrête devant cette maison.
CHÉNIER, à la fenêtre du fond. C'est une chaise de poste.
TALMA, riant. Ça ne peut pas être pour toi, Galoubet.
GALOUBET. Une chaise de poste ? mais au contraire ; c'est encore un ami qui arrive, un ami que vous n'avez pas pu oublier.
BONAPARTE. Qui donc?
GALOUBET. Marceau !
TOUS. Marceau ?
CHÉNIER. Le noble vaincu de Verdun.
BONAPARTE. Le courageux officier qui, au péril de sa vie, a retenu sous le drapeau les soldats de La Fayette, qui, pour suivre leur général, allaient oublier le premier, le plus saint de tous les devoirs.
TALMA. C'est une des espérances de la patrie !
CHÉNIER. Mieux que cela, mon ami... C'est déjà une de ses gloires.
GALOUBET. Oui, c'est bien lui... Le voilà, le voilà...

SCÈNE V

LES MÊMES, MARCEAU.

TOUS. Salut à Marceau !
MARCEAU, surpris. Que vois-je ?
GALOUBET. Tous les amis du jour de la fédération ; sans m'oublier, mon commandant.
MARCEAU. Oh ! je suis né sous une heureuse étoile. J'arrive à Paris le cœur plein d'espérance et de joie... et dès mes premiers pas, je retrouve des amis, des frères !
CHÉNIER. Oui, des frères, citoyen Marceau, et qui sont fiers de vous.
TALMA. Béni soit le hasard qui, nous ayant réunis une fois il y a trois ans, nous rassemble encore tous aujourd'hui !
BONAPARTE. En effet, un ami nous manque.
TALMA. Oui... l'abbé Pascal, je crois.
CHÉNIER. Qui pensait et parlait comme Fénelon.
GALOUBET, à part. Si j'osais...
MARCEAU. Ce noble cœur a cessé de battre, peut-être ?
CHÉNIER. Cette âme évangélique sera retournée à Dieu.
MARCEAU. Oh ! mais encore que vous, j'avais pu le connaître, apprécier Pascal, et je donnerais à l'instant et mon grade et le peu de gloire que j'ai acquis pour tenir sa main, là, dans la mienne !
GALOUBET. Eh bien, vous aurez ce plaisir, commandant : il ne vous en coûtera pas une miette de votre gloire. (Allant former la porte du fond.) Oui, ce serait offenser le bon Dieu que de douter d'aucun de vous. Vous étiez cinq pour venir en aide au pauvre enfant du peuple ; à vous cinq aussi, Galoubet va prouver qu'il était digne du service que vous lui avez rendu. (Allant ouvrir la porte à gauche.) Venez, venez, monsieur l'abbé ; il n'y a ici que des amis, il n'y a ici que des frères. (Pascal paraît sur le seuil.)
TOUS. Pascal !

SCÈNE VI

LES MÊMES, PASCAL.

MARCEAU, allant à lui. Mon ami !
PASCAL. (Aux autres.) Et vous, messieurs, près de moi... Oh ! c'est un rêve ! (Il leur serre la main.)
GALOUBET. A présent, citoyen, vous devez avoir bien des choses à vous dire... Je m'en vas.
PASCAL. Non... non... ne t'éloigne pas encore, mon enfant... Je veux mettre à profit cette réunion providentielle ; ce que tu n'as pas dit à nos amis, je veux, je dois le leur apprendre...
GALOUBET, bas. Ah ! monsieur l'abbé... il est inutile qu'on sache... Plus tard, plus tard...
PASCAL. Je ne puis rien remettre à demain, moi ? Sais-je si l'heure qui va suivre m'appartiendra ?... reste donc, je le veux ! Votre présence ici, messieurs, est un double bonheur pour moi... Je vous vois, et vous allez m'entendre. Dans les terribles journées de septembre, Dieu semblait avoir détourné de nous ses regards, un voile sanglant s'était étendu sur la grande cité... J'étais alors enfermé à l'abbaye ; à l'appel de mon nom, je me présentai devant les hommes qui s'étaient faits mes juges, et qui, après m'avoir interrogé, ordonnent mon élargissement. Aussitôt les portes s'ouvrent devant moi... Mais ce costume que je n'avais pas voulu quitter, ce costume allait me perdre... Déjà le fer d'une pique était sur mon cœur... une hache au-dessus de ma tête... un cri s'élève, et suspend le coup qui m'était destiné... Un jeune homme fend la foule, se précipite vers moi, en s'écriant : C'est mon frère !... Vous me tuerez avec lui ! Et ses bras m'entouraient, et sa poitrine couvrait la mienne ; on ne pouvait me frapper sans l'atteindre ; sa jeunesse, son courage désarment mes ennemis. Lui, profitant de leur hésitation, m'entraîne et me cache dans sa modeste demeure, oubliant qu'avec moi la mort y entrait peut-être !... Voilà ce qu'a fait pour moi ce pauvre enfant qui me connaissait à peine, et pour lequel j'avais fait si peu... Si je meurs à présent, je n'emporterai pas du moins dans la tombe le secret de son admirable dévouement... J'aurai pu le dire aux hommes avant d'aller le dire à Dieu.
MARCEAU, avec émotion. Une semblable action ne se paye ni avec de l'or ni avec des paroles... Laisse-moi t'embrasser, mon brave garçon.
CHÉNIER. Tu seras notre ami, notre ami à tous.
TOUS. Oui, à tous !
GALOUBET. Oh ! mais c'est trop... à ma place, vous n'auriez pas hésité non plus... J'ai fait mon devoir, voilà tout... et à présent, je peux m'en aller, n'est-ce pas... ? Ah ! (Revenant à Pascal.) Vous avez vu m'man ?
PASCAL, bas. Oui. J'attends cette jeune fille ; tu viendras me prévenir dès qu'elle se présentera.
GALOUBET, bas. Vous avez consenti ? Oh ! ça ne m'étonne pas ; c'est convenu... je vous avertirai... (Haut.) Là, maintenant messieurs, causez. (A part.) Oh ! la bonne journée ! Je suis d'une joie ! Je vas aller pleurer chez m'man... (Il sort par la droite, premier plan.)

SCÈNE VII

LES MÊMES, excepté GALOUBET.

MARCEAU. Ici, mon cher Pascal, vous n'avez du moins rien redouter ?
PASCAL. Je ne puis rester dans cette maison ; je ne veux pa appeler sur la tête de mon hôte la sévérité de la loi, qui, après avoir frappé le proscrit, peut de même punir le parent ou l'ami qui lui a donné asile. Je pars ce soir.
BONAPARTE. Vous voulez émigrer ?
PASCAL. Non, messieurs. Ceux-là se sont perdus eux-mêmes qui, pour se souvenir qu'ils étaient prêtres ou gentilshommes ont oublié qu'ils étaient Français... Ils ont soulevé la colère de ce peuple que nous avions vu si grand, si généreux en 90. Malheur à qui abandonne le sol natal pour aller chercher alliance et protection chez l'étranger !... Émigrer, abandonner sa patrie, c'est un crime, oui, c'est un crime, comme pour soldat de déserter son drapeau, pour le fils de renier sa mère...
MARCEAU. Où comptez-vous aller ?
PASCAL. Près de Nantes, dans mon pays natal... là, du moins, il me sera permis de prier.
TALMA. Mais vous ne pouvez faire un pas dans la rue ave cet habit.
BONAPARTE. Il est impossible de voyager sans passe-port.
PASCAL. Je sais tout cela... mais je sais aussi qu'en resta un jour, une heure de plus, je puis entraîner dans ma perte l'ami généreux qui m'a secouru... Je partirai, vous dis-je !
MARCEAU. Je vous comprends, Pascal, et je remercie la Providence qui, pour vous venir en aide, nous a réunis. A chac de nous sa part dans les préparatifs de votre évasion : j'ai touché un à-compte sur ma solde arriérée ; 600 francs en or, voilà. (Il les dépose sur la presse.)
TALMA. Je me charge de vous trouver un costume et de vo l'apporter ici tantôt.
BONAPARTE. Je crois pouvoir vous répondre d'obtenir passe-port. Je suis l'ami, le voisin de Robespierre jeune. (Il rassied et continue de corriger son épreuve.)
CHÉNIER. Vous ne me laissez donc rien faire, à moi ?
TALMA. Au contraire. Dans ta maison même sont établies diligences de Paris à Nantes ; charge-toi de retenir une pla pour notre ami...
PASCAL. J'accepte, messieurs, tout ce que vos cœurs géreux veulent faire pour moi... j'accepte, car je sens que, l' casion se présentant, je saurais m'acquitter envers vous... M avant de nous séparer pour toujours, peut-être, dites-moi, m amis, dites-moi votre sort présent, vos espérances pour l'a nir, afin que de ma retraite je puisse encore vous suivre par pensée.

MARCEAU. Vous nous avez vus, il y a trois ans, à peu près inconnus, mais confiants dans notre destinée !... Dieu semble avoir pris sous sa garde les enfants de la République... Aux uns il a ouvert une brillante carrière... aux autres il a donné un glorieux trépas. Beaurepaire, qui était des nôtres à la Fédération, Beaurepaire a succombé dans Verdun, mais il a immortalisé sa mémoire. Vaincu par la trahison, abandonné de presque tous, il s'est tué pour ne pas signer une infâme capitulation. Et savez-vous, monsieur, qui était à la tête des révoltés de Verdun ? Savez-vous qui a placé Beaurepaire entre le déshonneur et la mort ? Fauvel ! Ce misérable est aujourd'hui vendu à nos ennemis ! pour ce traître notre mépris et notre haine ; pour Beaurepaire nos regrets et notre admiration !...

CHÉNIER. Permettez-moi d'ajouter qu'à côté de Beaurepaire, un jeune officier de volontaires parisiens s'est aussi couvert de gloire... qu'à ce jeune officier la Convention tout entière a décerné une épée pour remplacer celle qu'il avait brisée afin de ne pas la rendre à l'étranger ; enfin, laissez-moi dire à Pascal que ce jeune homme est aujourd'hui général et qu'il s'appelle Marceau.

PASCAL. Général !

MARCEAU. Comme à moi, ça vous semble un rêve, n'est-ce pas ? Ma vie toute entière consacrée à mon pays ne paiera pas assez ce qu'il a fait pour moi. Marceau général ! général comme Kléber ! Kléber qui était aussi à la Fédération... Kléber qui, parti simple grenadier en 92, a marché comme marche le génie !

PASCAL. Béni soit donc cette République qui a été pour vous une mère reconnaissante !

BONAPARTE, se retournant vers ses amis. Appelant tous ses fils à la servir, elle n'a pu les récompenser tous. Kléber et Marceau ont en deux campagnes échangé leurs épaulettes de laine contre les insignes de général... Chénier, couvert de bravos et de lauriers, a fait asseoir la poésie sur les bancs de la convention nationale... Talma règne et sans partage, sur le premier théâtre du monde. Moi seul, messieurs, je fais ombre dans ce brillant tableau... on me laisse à Paris sans emploi. (Se levant.) Et pourtant je m'étais donné à la France bras, tête et cœur. Et pourtant il me semble qu'il y avait quelque chose là !

PASCAL. Je comprends et j'excuse votre impatience... mais ne désespérez ni de la patrie ni de vous-même... Votre destinée, incertaine, obscure encore aujourd'hui, sera peut-être la plus belle, la plus extraordinaire. Il y a trois ans, j'ai quitté Marceau simple sergent ; voyez ce qu'il est aujourd'hui... Capitaine Bonaparte, je vous ajourne aussi à trois ans. Nous verrons alors ce que vous aurez fait pour la République, et ce qu'elle aura fait pour vous.

SCÈNE VIII

LES MÊMES, GALOUBET.

GALOUBET. Pardon, citoyens... (S'approchant de Pascal.) Monsieur l'abbé, la jeune fille est là, elle est entrée par la chambre de m'man.

PASCAL, bas. Bien. (Haut.) Mes amis, on réclame mon ministère, et...

TALMA. Nous nous retirons.

BONAPARTE. Soyez prudent, monsieur.

CHÉNIER, bas. Je cours aux voitures de Nantes.

TALMA, bas. Je vais chercher un costume. Tenez, celui du philosophe sans le savoir... il vous ira merveilleusement.

BONAPARTE, bas. Moi, je vais chez Robespierre jeune.

CHÉNIER, haut. Donnons-nous rendez-vous ici...

GALOUBET. A cinq heures si vous voulez. Vous savez qu'il y a aujourd'hui banquet patriotique. Si j'osais vous prier de vous asseoir à ma table ?

TALMA. Certes, excellent prétexte pour revenir. Nous acceptons tous.

CHÉNIER. A cinq heures.

GALOUBET. Dans la rue.

CHÉNIER. Vous restez, Marceau.

MARCEAU. Oui, j'ai des renseignements à demander à ce garçon, puis une confidence à faire à Pascal... vous me retrouverez ici. (A Galoubet.) Viens, il faut que je te parle !

CHÉNIER. Au revoir... (Pressant la main de Pascal.) A cinq heures, le bulletin de la voiture ?

TALMA, même jeu. Le costume.

BONAPARTE, même jeu. Le passe-port. (Ils sortent par la porte du fond, Marceau et Galoubet, par la porte du premier plan à gauche.)

SCÈNE IX

PASCAL, puis GENEVIÈVE et LA MÈRE GALOUBET.

PASCAL, après avoir fermé la porte. Nobles cœurs... (Il s'assied à gauche, au premier plan.)

LA MÈRE GALOUBET, ouvrant la porte du premier plan à droite. Venez, monsieur l'abbé est seul à présent.

GENEVIÈVE, entrant. Et vous dites qu'il se nomme Pascal ?

LA MÈRE GALOUBET. Oui, tenez, le voilà.

GENEVIÈVE, à part. C'est bien lui.

LA MÈRE GALOUBET, à Pascal. Monsieur l'abbé, si on frappe, n'ouvrez pas, je suis là et je veille. (Elle sort par le fond.)

PASCAL, sans voir encore Geneviève. Approchez, mon enfant, et ayez confiance en moi.

GENEVIÈVE. J'ai toujours eu foi en vous, Pascal, comme en Dieu.

PASCAL. Geneviève !... (Se reprenant.) Mademoiselle Geneviève à Paris.

GENEVIÈVE. J'habitais la même maison que vous ; mais on me cachait, comme à tout le monde, votre présence ici...

PASCAL. La bonté divine est infinie... J'ai retrouvé tout à l'heure des amis dont je me croyais à jamais séparé, et je vous revois, vous, vous mademoiselle... ah ! que de douces émotions j'aurais perdues si, comme je le voulais, j'étais parti hier !

GENEVIÈVE. Vous comptez quitter Paris ?

PASCAL. Oui, dès ce soir : mais dites-moi, Geneviève, comment êtes-vous donc ici, seule, abandonnée ?

GENEVIÈVE. Jusqu'au 10 août mon père était resté à Paris et m'y avait gardée près de lui ; à cette époque seulement il résolut d'aller rejoindre l'armée des princes, il me confia aux soins de Dominique ; bon et fidèle serviteur qui devait me ramener au château de Montoire ; mais la veille du jour fixé pour notre départ, Dominique ne rentra pas... le lendemain, quelques lignes écrites au crayon m'apprirent qu'il avait été arrêté, et qu'il était accusé de correspondre avec un émigré... En effet, on avait trouvé sur lui une lettre de M. de Lostanges, officier de l'armée de Condé, qui lui annonçait la mort du marquis de Beaulieu. Oh ! Pascal, mon père avait péri dans une affaire d'avant-poste... La douleur que me causa cette perte cruelle ne me fit point cependant oublier le pauvre Dominique... La ville de Verdun venait d'être livrée aux Prussiens, l'indignation contre les émigrés était à son comble, seule je m'intéressais à Dominique, et j'avais tout à craindre pour moi-même ? Mais Marceau était à Paris, Marceau pouvait tout alors, et Dominique fut sauvé.

PASCAL, surpris. Marceau ? vous connaissez Marceau ?

GENEVIÈVE. Oui depuis quatre ans... et pour arriver jusqu'à lui, il me suffit de lui faire parvenir cette rose.

PASCAL, à part. Cette rose ! ah !

GENEVIÈVE. Je dois tout vous avouer, mon frère ; comme Dieu, vous lirez dans mon cœur... J'aime Marceau.

PASCAL. Vous ! vous !

GENEVIÈVE. Je l'aimais avant qu'il m'eût rendu le vieux serviteur pour lequel j'étais allée l'implorer ; je l'aimais avant le jour où, sortant de la Convention qui l'avait accueilli comme un héros, il m'écrivit : « Je n'ai pas fait assez pour la France ni pour Geneviève. » Et depuis, chaque combat a vu grandir sa renommée, et j'ai senti, moi, grandir mon amour.

PASCAL, à part. Son amour !

GENEVIÈVE. Vous comprenez maintenant que si je revois Marceau, j'oublierai que, fille d'émigré, je ne puis donner ma main à un soldat de la République. Oh ! dites-moi, Pascal, que je ne dois plus revoir Marceau, que je dois brûler cette lettre que j'ai tant de fois pressée de mes lèvres, baignée de mes larmes... Dites-moi qu'il faut que je parte, que la mémoire de mon père l'exige... dites-moi donc que Dieu le veut.

PASCAL, à part. Comme elle l'aime !

GENEVIÈVE. Qu'avez-vous donc Pascal ? vous pâlissez.

PASCAL, à part. Mon Dieu, j'accepte l'épreuve que vous m'envoyez. Mais de la force, Seigneur, donnez-moi de la force...

GENEVIÈVE. Il chancelle. (Pascal, épuisé par l'émotion, tombe sur une chaise.) Il s'évanouit... Oh ! du secours ! du secours !

SCÈNE X

PASCAL, GENEVIÈVE, MARCEAU, GALOUBET.

MARCEAU, paraissant sur le seuil de la porte. C'est la voix de Geneviève !

GENEVIÈVE. Marceau.

MARCEAU. Oui, Marceau, qui vous savait ici... et...

GENEVIÈVE, lui montrant Pascal. Oh! monsieur, aidez-moi d'abord à secourir cet infortuné...
GALOUBET, qui est entré. Oh! le pauvre cher homme! je vais chercher l'eau de mélisse à maman. (Il entre chez sa mère, au premier plan à gauche.)
MARCEAU, courant à Pascal. Pascal... mon ami.
GENEVIÈVE de même. Mon frère. (Ils sont tous deux à genoux, et tous deux serrent les mains de Pascal.)
GALOUBET, revenant. Voilà... voilà... (Il lui fait respirer un flacon.)
GENEVIÈVE. Il revient à lui.
MARCEAU. Sa main a serré la mienne.
GENEVIÈVE. Il rouvre les yeux...
PASCAL, les regardant d'un air étonné. Geneviève... Marceau... près de moi... oui, je me souviens... vous vous aimez. (Mouvement de Marceau et de Geneviève.) Oh! restez, restez ainsi tous deux. (A Marceau.) Ne détourne pas les yeux... (A Geneviève.) Ne rougissez pas... car ton amour, Marceau, est pur comme ta gloire, et le votre, Geneviève, est saint et chaste comme votre âme... Mon Dieu, pour prix de tout ce que j'ai souffert, vous m'envoyez une suprême joie, vous faites Geneviève heureuse. (En ce moment on frappe violemment à la porte du fond. Pascal, Geneviève et Marceau se lèvent.)
GALOUBET. Qu'est-ce que c'est que ça?
LA MÈRE GALOUBET, entrant. Un militaire.
TOUS. Un militaire!
LA MÈRE GALOUBET. Un officier; il demande le général Marceau.
MARCEAU. Son nom? a-t-il dit son nom?
LA MÈRE GALOUBET. Oui... attendez... Kléber.
MARCEAU. Kléber! Ouvre vite, Galoubet. (A Pascal.) Un proscrit n'a rien à craindre de Kléber. (Galoubet ouvre la porte du fond; puis il sort par la droite avec sa mère.)

SCÈNE XI
GENEVIÈVE, PASCAL, MARCEAU, KLÉBER.

KLÉBER, entrant. Vive Dieu, mon cher Marceau, tu étais retranché ici comme dans une citadelle!
MARCEAU, montrant Pascal. C'est qu'un ami seul pouvait pénétrer dans la place.
KLÉBER, saluant. Je comprends. (A Pascal.) Monsieur, votre secret est sous la sauvegarde de l'honneur militaire, cette garantie doit vous suffire et vous rassurer.
PASCAL. Oui, général.
KLÉBER, à Marceau. Mon ami nous ne devions nous retrouver que ce soir chez le ministre Carnot, mais je n'ai pas voulu attendre si longtemps pour te donner une bonne nouvelle. Je te savais descendu dans cette maison, et je suis venu pour te remettre moi-même cet ordre du ministre de la guerre. (Kléber donne un papier à Marceau.)
MARCEAU, lisant. « Le général Marceau prendra le commandement de la deuxième brigade de l'armée de Vendée. »
KLÉBER. Continue.
MARCEAU, lisant. « Il combinera ses mouvements avec le général Kléber, appelé à commander la première brigade. »
KLÉBER. Cette fois encore, ami, nous aurons le même champ de bataille.
MARCEAU, lisant. « Le général Marceau partira ce soir même. L'insurrection Vendéenne s'étend chaque jour davantage, et va prendre une force nouvelle, grâce à l'arrivée d'un nombreux corps d'émigrés rentrés en Bretagne sous le commandement du vicomte de Lostanges et du marquis de Beaulieu. »
PASCAL et GENEVIÈVE. Beaulieu!
MARCEAU, continuant. « Dont on avait à dessein et faussement annoncé la mort. »
GENEVIÈVE. Mon père vivant... mon père en France, oh! merci, mon Dieu! merci!
MARCEAU. Oui, Geneviève, votre père existe, et c'est moi qu'on envoie pour le combattre.
GENEVIÈVE, allant à Marceau. Oh! vous n'obéirez pas, Marceau; vous demanderez chaque jour demain à vaincre; vous ne voudrez pas mettre entre nous le cadavre de mon père tué par vos ordres peut-être.
MARCEAU. Oh! non, jamais.
KLÉBER. Toi, Marceau, tu refuserais d'occuper, quel qu'il soit, le poste qu'on t'assigne.
MARCEAU, montrant Geneviève. Oh! tu ne sais pas, toi, que je l'aime, comme j'aime la France; qu'à Geneviève comme à mon pays j'avais voué ma vie... Qu'on ne m'envoie à la frontière, qu'on m'ordonne d'affronter mille morts, je suis prêt... mais qu'on me choisisse, moi, pour combattre Beaulieu, qu'on me force de rougir mon sabre de son sang... de son sang, qui est celui de Geneviève... oh! non, plutôt la briser, ce sabre!...
KLÉBER. Ce sabre... que la Convention tout entière, la

patrie enfin t'a donné... Mais c'est du délire!... veux-tu qu'on dise de toi : « Ce héros, ce fils bien-aimé de la République a sacrifié son pays à son amour, sa gloire à une femme... il a été traître ou lâche?... » Non, moi vivant, on ne dira pas cela de mon compagnon d'armes. Tu me tueras, Marceau, avant de te déshonorer.
MARCEAU. Kléber, tu n'as donc pas pitié de moi!
GENEVIÈVE. Parlez, Pascal; vous, notre ami, notre frère, dictez-nous notre devoir.
PASCAL, se plaçant entre Geneviève et Marceau. Il est tracé pour tous les deux... Soumettez-vous sans murmure. Général Marceau, votre place est en Vendée, où votre honneur vous appelle. Geneviève, votre place est à Montoire, où M. de Beaulieu vous attend sans doute; allez, Marceau, allez combattre et mourir pour la République... Allez, Geneviève, prier et mourir pour votre père.
KLÉBER, à Pascal. Bien, monsieur! bien!
GENEVIÈVE. Marceau, je vous donnerai l'exemple du courage et de la résignation... Partez, c'est moi maintenant qui vous en prie.
MARCEAU, allant à Geneviève. Mais vous abandonner ainsi, Geneviève? vous laisser partir seule?
PASCAL, au milieu d'eux. Vous oubliez, Marceau, qu'à chacun ici Dieu a donné sa tâche à remplir... la mienne est de secourir et de consoler. (Marceau baise la main de Geneviève, et Kléber entraîne Marceau vers la porte du fond. — Tableau.)

QUATRIÈME TABLEAU
LES REPAS PATRIOTIQUES

Devant toutes les maisons des tables sont dressées. Des drapeaux aux trois couleurs flottent à toutes les fenêtres. Une foule de convives occupe ces tables. — Devant le n° 109, premier plan, gauche, une table est encore inoccupée. — On voit Cochegru et ses garçons courir de l'une à l'autre table.

SCÈNE PREMIÈRE
COCHEGRU, GARÇONS, CITOYENS DES DEUX SEXES, GALOUBET, UNE FEMME DU PEUPLE, puis LA MÈRE GALOUBET.

UNE FEMME DU PEUPLE, portant des œufs sur le plat. Ah! le joli coup d'œil... Me v'là avec mon plat et des œufs dessus. Oùsque je vas me mettre?... où il y a de la place ici. (Elle pour se mettre à la table où dresse Galoubet.)
GALOUBET. Pardon, citoyenne; elles sont toutes prises les places.
LA FEMME DU PEUPLE. Mais, puisque j'apporte mon plat.
GALOUBET. Allez voir en face, il en manque.
UN HOMME, à la table qui fait vis-à-vis. Par ici, par ici, la femme aux œufs.
LA FEMME DU PEUPLE, se mettant à table. Bien obligé, citoyen.
GALOUBET. Avez-vous trouvé le placement de vos œufs?
LA FEMME DU PEUPLE. Oui, citoyen.
COCHEGRU. Allons donc, voisin Galoubet, ne t'occupe donc pas d'œufs. Vois donc, tout le quartier est à table, et tu encore à mettre le couvert.
GALOUBET. Voilà, voilà... C'est que j'ai fait des invitations et mes convives n'arrivent pas vite; sur six, il m'en manque encore deux.
TOUT LE MONDE AUX TABLES. Du pain, du vin, voisin Cochegru!
GALOUBET, allant à sa mère, qui sort de la maison. Eh bien, maman, la toilette avance-t-elle?
MÈRE GALOUBET, bas. Oui, le citoyen Talma habille lui-même le pauvre abbé; il sera méconnaissable... Tu sais qu'il part ce soir par la voiture.
GALOUBET. Oui. Que le bon Dieu le conduise.
MÈRE GALOUBET. Les voilà!...

SCÈNE II
LES MÊMES, TALMA, GENEVIÈVE, PASCAL avec une perruque ronde et un costume séculier. Ils s'asseyent tous à la première table gauche.

COCHEGRU. Ah! enfin... Dis-nous qu'est-ce que c'est que tes invités?
GALOUBET, à part. Curieux, va! (Haut.) C'est d'abord le citoyen Talma.
TOUS. Talma!

GALOUBET. Rien que ça...
COCHEGRU, montrant Pascal. Et l'autre là-bas ?
TALMA. C'est mon professeur de déclamation, citoyen.
COCHEGRU. Fichtre ! ce doit être un fier professeur.
TALMA, bas à Pascal. Je ne mens pas, monsieur l'abbé ; je me suis souvenu de vous quand j'ai joué Fénelon.
COCHEGRU. Et c'te petite-là ?
GALOUBET. C'est ma voisine... Allons, mettons-nous à table en attendant les autres.
COCHEGRU. C'est ça ; j'ai remarqué que quand on attaquait le dîner, ça faisait venir les dîneurs.
TALMA, à Cochegru. Tu parles bien, gargotier ; voilà justement un des nôtres.

SCÈNE III

LES MÊMES, CHÉNIER.

TALMA, allant à Chénier, qui cherche de table en table. Arrive donc !
CHÉNIER. Ma foi, je me perdais au milieu de toutes ces tables.
TALMA. Voici ta place. (Il le fait asseoir en face de Pascal.)
CHÉNIER, bas. J'ai le bulletin de la voiture... Elle part ce soir à dix heures.
TALMA, bas. Mais le passe-port?
COCHEGRU. Je demande à faire une motion. Je demande que l'on porte la santé de la République !
TOUS. Oui... oui...
COCHEGRU. Enfin, je demande la parole pour le professeur de déclamation du citoyen Talma, attendu que ce doit être le plus beau parleur de la société !...
TOUS. Oui ! oui ! bravo ! bravo !
CHÉNIER, à part. S'il hésite, il est perdu.
PASCAL, se levant avec calme. J'accepte, mes amis, l'honneur que vous voulez bien me faire.
TALMA, à part. Que va-t-il dire ?
PASCAL, levant son verre. A la République, qui, se dégageant des sombres nuages qui l'obscurcissent encore, m'apparaît dans l'avenir radieuse, éclatante, pure comme le soleil !... A la République, qui nous vient de Dieu même, car elle a pris pour base et pour symbole ces mots qui, comme une bénédiction universelle, tombèrent du haut d'une sainte croix : Liberté, Égalité, Fraternité !
TOUS. Bravo ! bravo !

SCÈNE IV

LES MÊMES, BONAPARTE.

GALOUBET. Voici notre sixième convive ; nous sommes au complet.
BONAPARTE, s'asseyant. Je me suis fait attendre... Mais... j'ai réussi.
CHÉNIER, bas. Le passe-port ?...
BONAPARTE, bas, le donnant à Chénier. Le voilà. (A Pascal.) Votre prédiction commence à s'accomplir, monsieur ; la République, enfin, pense à moi... Elle m'envoie commander l'artillerie au siége de Toulon.
TALMA. Bonne chance ! Revenez-nous général, comme le citoyen Marceau. (On entend les tambours qui battent une marche au loin.)
TOUS. Qu'est-ce que c'est que ça ?
COCHEGRU, venant du fond. C'est une colonne de volontaires parisiens qui part pour la Vendée sous la conduite des généraux Kléber et Marceau... Faites place, citoyens, ils vont passer par ici.
CHÉNIER, se levant et avec enthousiasme. Citoyens, que nos acclamations accueillent nos frères, et que nos vœux les accompagnent. (Aussitôt tout le monde se lève et court vers les volontaires, on leur donne à boire) ; on ronflement les fait remettre sous les armes; puis en bas aux champs, on présente les armes, ce qui annonce l'arrivée des généraux Kléber, Marceau et de leur état-major.)
KLÉBER, agitant son chapeau. Vive la République !
TOUS. Vive la République !
CHÉNIER. Honneur et gloire à ses enfants !
TOUS.

La victoire, en chantant,
Nous ouvre la barrière, etc.

(Pendant le chant, Geneviève s'est mise à genoux près de la table. Pascal, près d'elle, prie pour les enfants de la République. Dès que le chant est fini, on crie : Vive la République ! vive la nation ! Les troupes se mettent en marche.)

ACTE TROISIÈME

CINQUIÈME TABLEAU

LE CHATEAU DE MONTOIRE

Une salle du château.

SCÈNE PREMIÈRE

LE MARQUIS DE BEAULIEU, LE COMTE DE LOSTANGES, GENEVIÈVE, MONTOURNOIS, NOBLES ET PAYSANS VENDÉENS, UN NOTAIRE, FAUVEL. Au lever du rideau les personnages sont assis et groupés, écoutant la lecture d'un contrat que fait le Notaire.

LE NOTAIRE, lisant. Fait au château de Montoire, le 23 décembre 1793 ; et ont signé le présent contrat de mariage : Charles-Antoine, marquis de Beaulieu, mestre de camp des armées du roi, père de la mariée. (Le marquis signe. Appellant.) Les époux : Henri-Gaston de Lostanges, commandant les troupes de Sa Majesté audit château de Montoire. (Beaulieu passe la plume à Lostanges et revient près de Geneviève ; Lostanges signe. Appellant.) Et noble demoiselle, Geneviève-Henriette de Beaulieu.
GENEVIÈVE, bas au Marquis. Vous ne voulez donc pas m'entendre, mon père ?
LE MARQUIS, de même. Quand vous aurez signé, Geneviève. (Il la conduit à la table.)
LE NOTAIRE, continuant à appeler. Les témoins : Joseph Montournois, fermier et capitaine aux volontaires royaux.
LE MARQUIS, lui passant la plume que Geneviève a laissé tomber sur la table après avoir signé. Va, mon brave, et fais ta croix. (Geneviève, qui est venue se rasseoir, semble réfléchir.)
MONTOURNOIS. Bravo ! je croyais l'être... je ne le suis plus. (Le Notaire continue l'appel à voix basse ; les autres témoins signent tour à tour.)
LE MARQUIS. Comment ? N'est-ce pas toi qui, le premier, arboras la cravate blanche à ton chapeau quand je suis venu vous apporter la proclamation des princes et vous aider à délivrer la fidèle Vendée ?
MONTOURNOIS. C'est vrai ! Dame, vous avez dit : Dieu le veut ! Nous nous sommes levés en masse, et nous avons sacrifié nos biens, prodigué notre sang pour votre cause... J'avais une ferme, elle est brûlée... J'avais trois frères, ils sont morts !... Et nous attendons encore cette victoire que vous nous avez promise. (Mouvement approbateur des paysans.)
LE MARQUIS. Des murmures... Auriez-vous perdu tout courage ?
MONTOURNOIS. Non ; mais tout espoir... Nos femmes ont beau prier, nous avons beau combattre, les bleus, dit-on, avancent toujours... Il est possible qu'on se trompe à Coblentz... Au lieu de servir Dieu, nous allons peut-être contre sa volonté.
LE MARQUIS. Ah ! Montournois, un tel doute...
MONTOURNOIS. Écoutez donc... Cathelineau et Bonchamp, que vous disiez les élus du Seigneur, ont péri... tandis que Kléber et Marceau semblent toujours à l'épreuve des balles... On ne peut ni les tuer ni les prendre... C'est à croire que la Providence divine les protége...
LE MARQUIS. Quel blasphème !
MONTOURNOIS, froidement. Ça ne nous empêchera pas de mourir à notre poste.
LE MARQUIS, bas à Lostanges. C'est toujours le même dévouement, mais ce n'est plus la même confiance... C'en est fait de notre cause si nous ne parvenons à relever le moral de nos paysans.
MONTOURNOIS. Ce qui nous inquiète aussi, c'est que depuis huit jours les communications sont coupées... Nous ignorons ce qui se passe.
LE MARQUIS, apercevant Fauvel, qui entre. Nous allons le savoir... Voici M. de Fauvel, l'émissaire du roi, qui arrive du camp de Stofflet... (A Fauvel.) Eh bien, quelles nouvelles ?
FAUVEL, en costume de Vendéen ; il porte le brassard blanc. Excellentes, mes amis ! (bas au marquis et à Lostanges.) Désastreuses. (Haut.) L'héroïque Vendée triomphe sur tous les points. (bas.) Nous avons perdu, au Mans, douze mille hommes. (Haut.) Encore un effort de courage, et les bleus sont écrasés. (Mouvement de joie parmi les Vendéens.)
LE MARQUIS, à Montournois. Eh bien, diras-tu encore que Dieu nous abandonne ?
MONTOURNOIS. Ainsi donc le bruit du canon et de la fusillade, que nous avons entendu toute la nuit, du côté de Savenay, n'annonçait pas un nouveau malheur ?

FAUVEL. Au contraire... Une victoire complète.
LE MARQUIS. J'en étais sûr.
MONTOURNOIS. Dieu merci... En voilà une enfin !... Mais je m'étonne que ceux de chez nous qui sont allés par là, ne soient pas revenus nous le dire.
LE MARQUIS. Ils s'oublient dans l'enivrement du succès.
FAUVEL, bas. Ils ne reviendront pas... Stofflet est en fuite... Westermann, Kléber et Marceau ont emporté la place... (Réunissant les nobles autour de lui.) J'ai à m'entretenir avec vous, messeigneurs, le service du roi l'exige.
LE MARQUIS, aux paysans. Allez, mes amis, remerciez Dieu, dans la chapelle; nous ne tarderons pas à vous y rejoindre. L'aumônier doit y attendre les époux. Cet aumônier est un saint homme qui n'a trouvé que dans notre catholique et fidèle Vendée un refuge contre la persécution. (A Geneviève qui est demeurée pensive.) Je viendrai vous prendre tout à l'heure, Geneviève.
GENEVIÈVE, bas. Je vous ai dit, mon père, que je voulais vous parler.
LE MARQUIS. Mais...
GENEVIÈVE. Il y va de ma vie! il y va de votre honneur.
LE MARQUIS, à Lostanges et aux autres. Je suis à vous tout à l'heure, messieurs. (Lostanges, Fauvel et. les nobles sortent par le dernier plan, à gauche. Les paysans vendéens entrent dans la chapelle, au dernier plan à droite.)

SCÈNE II
LE MARQUIS, GENEVIÈVE.

LE MARQUIS. Hâtez-vous de vous expliquer, Geneviève, on m'attend... Mes moments sont précieux.
GENEVIÈVE. Il y a deux jours, quand, pour la première fois, vous m'avez annoncé mon mariage avec M. de Lostanges, vous m'avez vue chanceler et pâlir. Je suis rentrée chez moi, je vous ai écrit... Hier je n'ai pu vous voir, et ce matin, au lieu de la réponse que j'attendais de vous, j'ai reçu l'ordre de signer ce contrat; mais pour me commander cette union, vous n'avez donc pas lu ma lettre?...
LE MARQUIS. Si fait... Vous me parliez, je crois, d'un amour dont je ne demande pas même à connaître l'objet, puisque rien ne peut me faire revenir sur la résolution que j'ai prise. J'ai promis votre main, et jamais le marquis de Beaulieu n'a manqué à sa parole.
GENEVIÈVE, avec fermeté. Ni votre fille non plus... Moi aussi j'ai fait un serment et je ne le trahirai pas. Si tout à l'heure le respect m'a ôté la force de vous résister publiquement... à vous qui me sacrifiez sans pitié à une cause perdue... à vous, j'ose le déclarer, mon père... je n'épouserai pas le marquis de Lostanges; je ne serai pas parjure envers Marceau.
LE MARQUIS. Marceau !... ce misérable chef de rebelles !...
GENEVIÈVE. Oui, Marceau, que ses ennemis eux-mêmes ne peuvent s'empêcher d'estimer... Marceau, que la Vendée, qu'il vient combattre, a surnommé le généreux, le juste... Oh! je suis fière de sa gloire.
LE MARQUIS, mettant la main à son épée. Malheureuse !...
GENEVIÈVE. Tuez-moi, mon père, je l'aime.
LE MARQUIS. Mais c'est de la folie... Non, Geneviève; vous, qui êtes de mon sang, vous qui portez mon nom, vous ne pouvez trahir la cause que je sers... Rougissez de votre coupable amour; il vous déshonore! car le drapeau contre lequel je marche n'abrite que des rebelles.
GENEVIÈVE. Tuez-moi, car ces rebelles, je les honore! ce drapeau, je l'appelle sur lui la victoire.
LE MARQUIS. Qu'oses-tu dire ?...
GENEVIÈVE. Tuez-moi, vous dis-je! car le drapeau de Marceau est le mien ! tuez-moi, car je suis républicaine !...
LE MARQUIS, tombant sur le siège qui est à droite. Oh! déshonoré... Déshonoré par elle !...
GENEVIÈVE, allant à son père. Mon père !... Pardonnez-moi... Ah ! je ne voulais pas vous affliger à ce point... Mais vous m'aviez réduite au désespoir... Ecoutez-moi... Vous seul connaîtrez mon secret... Jamais il n'entendra parler de moi. Je vivrai pour vous seul, près de vous... Pas une plainte ne sortira de ma bouche... Je vous donnerai mon sang, ma vie, quand vous l'ordonnerez ; mais que je meure libre, libre, entendez-vous ? C'est au nom de ma mère que je vous le demande à genoux.
LE MARQUIS, se levant, avec sévérité. Et moi, au nom de mon autorité, j'ordonne ce mariage.
GENEVIÈVE. Mais c'est mon arrêt de mort que vous venez de prononcer.

LE MARQUIS. Je ne me paye pas de ces grands mots, Geneviève ; je commande, obéissez. (Il sort par le dernier plan à gauche.)

SCÈNE III
GENEVIÈVE, puis PASCAL.

GENEVIÈVE seule. Oh ! j'avais prévu cette impitoyable résistance, et d'avance préparé le moyen de m'y soustraire. Cet anneau que madame de Sommerville, ma tante, m'a légué, cet anneau devait la soustraire à l'échafaud, car il renferme un poison subtil qui tue comme la foudre. Marceau, je ne puis être à toi... Mais je te l'ai juré, je ne serai point à un autre... (Pascal entre par la porte du fond et écoute.) En te sacrifiant ma vie, je ne te donne que ce qui t'appartient... Mon Dieu, pardonnez à mon père... car ce n'est pas moi, c'est lui qui me tue. (Elle ouvre le chaton de la bague et le porte à sa bouche.)
PASCAL, arrêtant son bras. Geneviève !... Qu'allez-vous faire !...
GENEVIÈVE. Priez pour moi, Pascal... J'aime sans espoir, il faut que je meure. (Elle tombe à genoux.)
PASCAL. Comme vous j'ai aimé, comme vous je voulais mourir... J'ai prié, Geneviève, et j'ai vécu... Au nom de Marceau, vivez. (Il la relève.)
GENEVIÈVE. Marceau !...
PASCAL. Avez-vous donc pénétré les desseins de la Providence ?... Savez-vous si elle ne vous a pas envoyée sur la terre pour être le guide et la lumière de ce vaillant jeune homme dont la gloire est si pure ? Oh ! j'en suis sûr, Geneviève, c'est en vous qu'il puise sa force et sa générosité... Sans vous, Marceau serait peut-être encore l'intrépide soldat. Vivez pour qu'il soit toujours le héros magnanime !
GENEVIÈVE, avec résignation. Seigneur, si vous m'avez fait une si glorieuse destinée, je n'y faillirai pas... Disposez de moi. Je me soumets à tous les sacrifices.
PASCAL. Merci de votre pieuse résolution...
GENEVIÈVE. Mais Marceau me maudira, me croira parjure.
PASCAL. Ecrivez-lui toute la vérité... Fallût-il, pour arriver jusqu'à lui, sillonner de mon sang la route à parcourir... il aura votre lettre, Geneviève, et je ne mourrai pas sans vous apporter sa réponse.

SCÈNE IV
LES MÊMES, LE MARQUIS.

LE MARQUIS. Vous n'êtes pas seule, ma fille ? j'ai à vous parler... Pardon, monsieur l'abbé.
PASCAL. Je me retire, monsieur le marquis, (A Geneviève.) du courage, et comptez sur moi ; je suis là, dans la chapelle.

SCÈNE V
LE MARQUIS, GENEVIÈVE.

LE MARQUIS. Geneviève, je vous apporte mon pardon.
GENEVIÈVE. Qu'entends-je !... Il serait vrai ?... J'ai retrouvé votre cœur ?
LE MARQUIS. Oublions un cruel débat, dont moi-même je ne veux plus me souvenir... Une exaltation, que justifiait la résistance, vous a dicté des paroles que vous regrettez sans doute... Dans un moment d'irritation je ne me suis laissé emporter jusqu'à l'insulte envers l'homme dont je déplore l'erreur mais en qui je ne puis méconnaître ni les talents militaires ni les sentiments généreux.
GENEVIÈVE. Ah ! je savais bien, mon père, que vous aussi vous l'estimiez.
LE MARQUIS. Maintenant que tous deux nous sommes plus calmes, répondez-moi sans crainte : êtes-vous certaine de son amour ?
GENEVIÈVE. Comme de ma foi en Dieu.
LE MARQUIS. C'est pour moi une consolation de vous croire car je tiens à vous savoir heureuse...
GENEVIÈVE, avec surprise. Heureuse !...
LE MARQUIS. Vous allez me comprendre... Malgré ce qu'il m'en a coûté... en présence de votre désespoir, j'ai dû rompre avec M. de Lostanges...
GENEVIÈVE, comme respirant mieux. Ah !
LE MARQUIS. Mais j'ai dû aussi me décider à me séparer de vous... (Mouvement de Geneviève.) Nos sentiments, nos affections ne sont plus, ne peuvent plus être les mêmes... Comme je ne veux pas avoir vos larmes à me reprocher... que le général Marceau soit votre époux, je ne m'y oppose pas.
GENEVIÈVE. L'épouser... oh ! non, c'est impossible... Vous m'avez mal jugée si vous avez pu croire que j'hésiterais u

oment entre mon amour et mon devoir filial... Ce que je ux, c'est l'aimer toujours et vous suivre partout... A lui on cœur, à vous ma vie !

LE MARQUIS. Après ce qui s'est passé, Geneviève, vous avez plus le droit de choisir... En vous amenant ici, je vou- is vous confier à un époux... Le service du roi va m'obliger de nombreux voyages, que je dois faire seul dans l'intérêt ême de la mission que j'ai à remplir... Je partirai cette nuit, faut donc que ce soir même vous soyez unie à celui que ous aimez ; il faut que ce soir, en vous quittant, je vous sache bras d'un protecteur...

GENEVIÈVE. Ce soir !... Mais comment Marceau saura-t-il ?...

LE MARQUIS. Vous allez lui écrire... S'il vous aime autant ue vous le dites, il se hâtera de venir pour vous recevoir de a main même de votre père... Un émissaire fidèle portera otre lettre.

GENEVIÈVE, à elle-même. Mon Dieu ! je crois rêver...

LE MARQUIS, allant à la table de droite. Asseyez-vous, Gene- riève... et prenez la plume... Je sais ce qu'il convient d'é- rire... je vais dicter.

GENEVIÈVE, assise à la table. J'attends, mon père...

LE MARQUIS, dictant. « Le marquis de Beaulieu, à qui j'ai confié nos espérances, consent à les réaliser... mais ce doit être ce soir ou jamais... » (Geneviève hésite.) Continuez... « Venez donc, Marceau, venez au château de Montoire, où je vous attends ; songez que demain il serait trop tard... » (Parlant.) Signez maintenant, Geneviève.

GENEVIÈVE, regardant son père. J'ai signé !...

LE MARQUIS, brusquement. C'est bien !... Donnez-moi cette lettre...

GENEVIÈVE, à part, lui donnant la lettre. Ah ! mon Dieu ! si ce n'était pas un crime de douter de son père, je croirais qu'il me cache un piège !...

LE MARQUIS, remontant à la porte de gauche. Vous êtes là ?

SCÈNE VI

LES MÊMES, FAUVEL.

FAUVEL. Vous avez la lettre ?
LE MARQUIS. La voici.
FAUVEL. Il était temps... car la nouvelle de la déroute de Savenay s'est répandue... Montournois et ses paysans nous accusent de les avoir trompés.
LE MARQUIS. Je me charge de ranimer leur confiance... mais n'oubliez pas qu'il faut que ceci parvienne à son adresse... Partez !...
FAUVEL. La lettre est telle que je l'ai demandée... c'est bien (A part.) Beaurepaire, j'ai eu ta vie à Verdun... Marceau, j'au- rai ta vie et ton honneur !... (Il sort.)

SCÈNE VII

GENEVIÈVE, LE MARQUIS, puis MONTOURNOIS, et PAYSANS VENDÉENS.

GENEVIÈVE. Mon père, ce messager me fait peur... S'il vous trompait ?
LE MARQUIS. Rassurez-vous, Geneviève, ce n'est pas moi qu'on trompe.
GENEVIÈVE. Que voulez-vous dire ?... (Rumeur. Montournois et les Paysans vendéens entrent en foulant par la porte de la chapelle, à droite.)
LE MARQUIS. Silence ! nous ne sommes pas seuls. (Aux Paysans.) Eh bien, qu'y a-t-il ? Pourquoi cette rumeur ?
MONTOURNOIS. Il y a que vos nouvelles étaient fausses... Mar- ceau est entré en vainqueur à Savenay.
LE MARQUIS. Allez dire à vos amis qu'il en est sorti prison- nier ; que ce soir même Marceau sera à Montoire !
CRIS DE JOIE. Vivat ! vivat !
LE MARQUIS. Que toutes les paroisses voisines se rassemblent pour assister au jugement et au supplice du plus redoutable de nos ennemis... La mort de Marceau nous vaudra dix victoires. Gloire à Dieu, mes amis, qui nous a livré Marceau !...
TOUS. Gloire à Dieu !... (Ils sortent tous par la porte du milieu.)
GENEVIÈVE, éperdue. Mon père, je n'ai pas bien entendu ! Mon père, je suis folle !
LE MARQUIS. Oui ! bien folle... si vous avez pu croire que le marquis de Beaulieu donnerait sa fille à un chef de bandits...
GENEVIÈVE. Oh ! j'ai cru à votre honneur, mon père !... et, je ne serai pas votre complice... Oh non ! j'empêcherai ce crime. (Elle se dirige vers la porte du fond.)
LE MARQUIS, s'élançant à la porte et la repoussant. Vous ne sor- tirez d'ici que lorsque Marceau sera en notre pouvoir !... (Il sort et ferme la porte.)

GENEVIÈVE, seule. Il m'enferme... et Marceau sera victime d'une infâme trahison !... Lui, Marceau perdu... perdu par moi... Ah ! si je n'étais pas prisonnière !...
PASCAL, paraissant à une porte secrète, au premier plan, côté droit. Vous êtes libre, Geneviève !...
GENEVIÈVE, poussant un cri de joie. Ah ! merci, Pascal, merci !... Et maintenant Dieu sera mon guide !...
PASCAL. Oui, Geneviève ! Dieu et moi ! (Ils se dirigent vers la porte secrète.)

SIXIÈME TABLEAU

MARCEAU EN VENDÉE

Au hameau de Blanche-Couronne. — La cour d'une ferme dont il ne reste çà et là que quelques fragments de murs rongés par l'in- cendie. — A gauche, les bâtiments à demi ruinés. — Au-dessus de la porte, une enseigne : *Café de Paris*. — Au fond, pays boisé, site pittoresque. La nuit, effet de lune et de neige. Au quatrième plan, une colline.

SCÈNE PREMIÈRE

CROQUETTE, puis BEAUGENCY et HUSSARDS. (Au lever du rideau on entend, par intervalle, des coups de feu.)

CROQUETTE, sortant de la ferme. Dieu vous bénisse ! qu'est-ce qui éternue par là ?... Bon ! toujours ces maudits coups de fusil qui sont si traîtres dans cette chienne de Vendée... Chaque buisson, chaque tas de pierre vous tire à bout portant, et on n'y voit que du feu... Et ils ont le front d'appeler ça le Bocage... il est gentil le chant des oiseaux !... j'aime mieux les pierrots du *Jardin Turc*... (Nouveau coup de feu.) Encore !... c'est du côté des Trois-Moulins... et justement Beaugency, mon époux, qui est allé pousser une reconnaissance dans ce quartier-là ! Dieu de Dieu ! si on m'a abîmé le père de mes trois petits, ils me le payeront les gredins de brigands de chouans !... Je ne suis qu'une femme, mais, morbleu ! ventre-bleu ! j'en mettrai une douzaine au bleu ! sacrebleu ! (Elle va prendre un fusil à l'entrée de la ferme, et se dirige vers le fond.)

BEAUGENCY, au loin, chantant.

Père Barbançon,
Bon, bon,
Payez-vous l'eau-de-vie,
Oui, oui,
Aux sous-officiers de la garnison ?

CROQUETTE, s'arrêtant. C'est lui ; il chante... preuve qu'il est encore au grand complet... je rengaine. (Elle reporte le fusil dans la ferme.)

BEAUGENCY descend de la colline qui est au fond, suivi de plusieurs hussards, il chante :

Cette crème d'honnête homme
Qui a beaucoup d'esprit,
Prétend qu'étant à Rome,
Ou n'est point à Paris.

Père Barbançon, etc.

Halte ! reposez armes ! (Déclamant.) N'allons pas plus avant ; arrêtez, chère Œnone... Saluez, hussards, c'est du citoyen Ra- cine, premier verrier du... ci-devant Louis XIV.
CROQUETTE, sortant de la ferme. Ça va donc bien, Beaugency ? tu n'as rien d'endommagé ?
BEAUGENCY. Moi ? jamais !... sain comme l'œil, franc comme l'or... On peut vérifier.
UN HUSSARD. Dis donc, brigadier, où est-il fourré ton fameux café de Paris ?
BEAUGENCY. Nous y sommes. (Montrant Croquette.) Ceci vous représente la belle limonadière, et voilà l'enseigne écrite de ma propre main... Je l'accroche où je campe, devant une écurie ou une branche d'arbre, n'importe ; la localité change, mais c'est toujours le café de Paris... comme dit le républicain Cor- neille. (Déclamant.) Rome n'est plus dans Rome, elle est toute où je suis. Croquette... A présent, fais flamber le punch, attendu que les consommateurs que je t'amène ont les pieds humides, le gosier sec et l'onglée au bout du nez... (Aux Hussards.) Rompez les rangs ! Ah ! camarades, il faisait plus chaud que ça hier 1er frimaire de l'an II, autrement dit 22 décembre 93, vieux style.
CROQUETTE. On s'est donc frotté crânement à Savenay ?

BEAUGENCY. Déroute complète des Vendéens... ça devait être... Qu'est-ce qu'on peut espérer de mieux quand on a à ses trousses des généraux qui s'appellent Westermann, dit Brûle-Tout; Kléber, Avance-Toujours, et Marceau ne Recule-Jamais.
CROQUETTE. Ainsi, nous sommes maîtres du pays, nom d'une carabine !...
BEAUGENCY. En long et en large, mille canons !...
CROQUETTE. A la bonne heure !... Mille millions de... je vais soigner le punch. (Elle rentre dans la ferme.)
BEAUGENCY. Hein ! comme elle jure avec facilité !... c'est mon élève...
UN HUSSARD, qui était remonté vers le fond. Brigadier, j'aperçois à travers les arbres un paysan qui se promène...
BEAUGENCY. Attention !... S'il cherche à s'enfuir, feu sur lui... c'est la consigne.
LE HUSSARD. Il vient à nous.
BEAUGENCY. Je vais le recevoir.

SCÈNE II

Les Mêmes, FAUVEL.

BEAUGENCY, à Fauvel qui paraît. Halte-là ! villageois du Bocage... Si tu recules, je te tue... si tu avances, je t'arrête... Choisis !...
FAUVEL. M'arrêter ?... vous me ferez plaisir... je viens exprès pour ça.
BEAUGENCY, lui mettant la main sur le collet. C'est fait !... A présent que te voilà servi, j'aurai l'avantage de te demander ce qui t'amène dans nos parages.
FAUVEL. Mais c'est au représentant du peuple à m'interroger... car on dit que c'est lui qui commande à tout le monde chez vous.
BEAUGENCY. Et on dit vrai... même aux généraux... S'ils sont coupables, il peut les destituer, et au besoin, les faire fusiller...
FAUVEL. C'est bien ça... Si c'était un effet de votre complaisance de me faire conduire devant lui...
BEAUGENCY. Devant le citoyen Bourbotte... Prends garde à ce que tu demandes... le représentant n'est pas commode. Enfin, si tu ne crains pas trop d'être pendu, attends-le ici, il ne peut manquer d'y venir... il visite tous les postes.
FAUVEL, s'asseyant près d'un arbre, côté gauche. J'attendrai.
CROQUETTE, sortant de la ferme, tenant une cuillier à pot. Le punch est fait, je n'ai pas trouvé de canelle, mais il sera fort tout de même... j'y ai mis du poivre.
BEAUGENCY. Bonne idée, ça rafraîchit.
CROQUETTE, tendant la cuillier à Beaugency. Tiens, goûte... Hein ! quel velours !
BEAUGENCY, qui a goûté. Ah ! mes amis... c'est comme si on avalait une étrille !... (Il fait passer successivement la cuillier à pot de main en main.)
FAUVEL, à lui-même. J'ai remis à Marceau la lettre de Geneviève, et il ne m'a pas reconnu... A son émotion en la lisant j'ai compris que notre complot du château de Montoire devait réussir... S'il y avait été et s'il tentait de se défendre, sa mort est certaine... mais elle ne suffit pas à ma vengeance... Cette mort serait glorieuse... on le pleurerait comme un martyr... la patrie le déifierait. Il m'a flétri... il faut qu'il meure déshonoré. (En ce moment on entend l'air de la Carmagnole joué sur le fifre.)
BEAUGENCY. Quel est le virtuose qui donne des concerts par ici ?
CROQUETTE. C'est sans doute un régiment qui nous arrive. (Remontant à gauche.) Non, il se compose d'un fifre tout seul, le régiment !

SCÈNE III

Les Mêmes, GALOUBET, costume des volontaires de Paris.

GALOUBET, qui jouait du fifre, s'arrêtant. Des vrais Français ! des enfants de la République ! Vivat ! me voilà en famille ! Bonjour les autres, je ne vous connais pas... bonjour tout de même.
BEAUGENCY, avec volubilité. Approche, jeune troubadour... Qui es-tu ? que veux-tu ? d'où viens-tu ?
GALOUBET. Je suis Galoubet, je joue du fifre, j'arrive de Paris, et je viens voir mon ami Marceau.
BEAUGENCY. Tu as un ami dans les généraux, toi ?
GALOUBET. Et dans autre chose aussi... J'apporte au citoyen général des nouvelles des autres. Par exemple, comme je n'aime pas à voyager seul, pour avoir de la compagnie, je me suis engagé dans un bataillon des volontaires de Paris... En route nous avons été obligés de faire un détour pour délivrer Toulon occupé par les Anglais, ça m'a un peu dérangé... mais grâce au commandant Bonaparte, nous les avons battus, canonnés, balayés !...
CROQUETTE. Saperlotte ! musicien... tu as fait danser les Anglais ?
GALOUBET. Oui, cantinière, sur l'air de la Carmagnole.
CROQUETTE. Eh bien, cré coquin ! je t'offre un verre de punch.
GALOUBET. Eh bien, fichtre ! je le boirai à ta santé...
BEAUGENCY. Eh bien, bigre ! en buvant, tu nous parleras de Paris ?
GALOUBET. Eh bien, bigre de bigre ! je le peux... vu que j'y ai de fières connaissances... les citoyens Chénier, Talma.
BEAUGENCY. Tu connais Talma... le grand, le fameux Talma... (Il est interrompu par le bruit du tambour qui bat aux champs.)
CROQUETTE. Ah ! voilà un chef qui nous arrive.
GALOUBET. Dieu ! si c'était mon ami Marceau !
BEAUGENCY. Non, c'est le citoyen Bourbotte, le représentant du peuple.
FAUVEL, à part, se levant. Enfin, le voilà.
BEAUGENCY. A vos rangs, camarades... portez armes... (Ils se mettent en ligne devant la ferme.)

SCÈNE IV

Les Mêmes, BOURBOTTE, deux Officiers d'ordonnance ils descendent la colline du fond par la gauche.

BOURBOTTE. Bien, tous les postes d'observation sont au complet... soldats, je viens de recevoir des dépêches de Paris, instruite par moi, de votre belle conduite, la Convention nationale déclare que vous avez bien mérité de la patrie.
TOUS, excepté Fauvel. Vive la République !
BOURBOTTE, aux Officiers d'ordonnance. Continuons notre ronde (Il fait un mouvement pour sortir.)
FAUVEL, s'avançant. Pardon, citoyen représentant.
BOURBOTTE. Quel est cet homme ?
BEAUGENCY. Un paysan qui s'est fait arrêter tout exprès pour parler au citoyen Bourbotte.
BOURBOTTE. Que demandes-tu ?
FAUVEL. Un entretien particulier, si c'est possible.
BOURBOTTE, s'avançant à Fauvel. Explique-toi tout haut... n'aime pas les secrets... les mystères.
FAUVEL, à demi-voix. Du mystère, il en faut pourtant quand s'agit de dénoncer un traître...
BOURBOTTE, avec défiance et presque bas. Un traître ! c'est pour cela que tu voulais me voir...
FAUVEL. Pas pour autre chose, mon représentant.
BOURBOTTE, allant vers les Officiers. Au reste ici... (Ecrivant sur ses tablettes.) Cet ordre au général Kléber. (Il déchire une feuille et donne à un des Officiers, qui sort. Il continue à écrire et déchire un second feuillet.) Celui-ci à Marceau.
GALOUBET. A Marceau. (s'avançant.) Si vous permettez que je lui porte... je ne vous demanderai rien pour ça... il aura tant de plaisir à me voir... et moi aussi...
BOURBOTTE. Mais connais-tu bien la route de Savenay ?
GALOUBET. Si je la connais ! ma grand'mère y tricotait des bas de laine, et moi j'y ai obtenu mon premier lait...
BOURBOTTE, lui donnant le message. Va donc !
GALOUBET. Merci. (A Croquette.) Ne m'en gardez pas... je n'en plus loin ça, je vas voir mon ami Marceau. (Il sort en courant.)
BOURBOTTE, à l'autre officier d'ordonnance. Achève la ronde (Aux soldats.) Et vous, mes enfants, éloignez-vous... j'ai à causer avec cet homme.
BEAUGENCY, à demi-voix, à Bourbotte. Tête à tête... Mais s'il a mauvais desseins...
BOURBOTTE. Va, mon brave, on ne tue pas un représentant du peuple. (L'officier sort par le fond, à droite; les autres entrent dans la ferme.)

SCÈNE V

FAUVEL, BOURBOTTE.

BOURBOTTE. Approche ; mais réfléchis avant de parler ; songe que si tu me trompes...
FAUVEL. Je pouvais éviter de passer par ici... j'y suis venu sans crainte et sans armes... Preuve qu'on peut se fier à moi.
BOURBOTTE. Et d'où viens-tu ?
FAUVEL. De Savenay. C'est là que les gens de Montoire m'ont envoyé.
BOURBOTTE. Montoire !... Ce foyer d'insurrection où commande le marquis de Beaulieu... tu dis bien... là, sont des gens très que je dois atteindre et punir.
FAUVEL. J'appelle traître, moi, celui qui a juré fidélité à République... qui fait semblant de la servir, et se vend en secret à ses ennemis. N'êtes-vous pas de mon avis, citoyen présentant ?
BOURBOTTE. Tu pourrais m'en signaler un ?

FAUVEL. Oui ; et à qui vous serrez la main tous les jours.
BOURBOTTE. Tu mens.
FAUVEL. C'est un chef.
BOURBOTTE. Un chef... Il se nomme.
FAUVEL, d'une voix étouffée. Marceau.
BOURBOTTE. Marceau!... lui... l'exemple... le héros de l'armée... tu mens, te dis-je!... Quelles sont tes preuves?
FAUVEL. Je viens de porter au citoyen général une lettre par laquelle on lui donne rendez-vous pour cette nuit, à Montoire. Je n'ai pas besoin de vous apprendre que ceux qui sont là ne travaillent pas dans l'intérêt de la nation.
BOURBOTTE. Et Marceau, dis-tu, a reçu cette lettre de tes mains?...
FAUVEL. Oui, mon représentant.
BOURBOTTE. Pour prix de cette commission, il aurait dû te faire arrêter et fusiller sur le champ.
FAUVEL. Sans doute... s'il avait refusé le rendez-vous.
BOURBOTTE. Il l'a accepté?
FAUVEL. Oui, représentant... Il vous sera facile d'ailleurs de vous assurer que j'ai dit la vérité... Faites épier le général... deux routes conduisent à Montoire; qu'on garde les deux routes... donnez l'ordre d'arrêter quiconque voudra dépasser vos avant-postes que vous aurez fait placer. Enfin, gardez-moi en otage, et, si cette nuit le général Marceau n'est pas pris et arrêté se dirigeant vers Montoire... eh bien... c'est que j'aurai menti... et vous me ferez pendre...
BOURBOTTE. Je sais un moyen d'éclaircir immédiatement tous mes doutes. Cette nuit même, le traître quel qu'il soit, sera puni du dernier supplice : oh! ma justice est égale pour tous... et pour tous, terrible, inexorable. Soldats!

SCÈNE VI

BEAUGENCY, HUSSARDS.

BEAUGENCY. Présents !...
BOURBOTTE. Gardez cet homme, et s'il cherche à s'enfuir, tuez-le. (Aux Officiers qui sont entrés par la droite.) Nous, au quartier général. (Ils s'en vont par la colline.)

SCÈNE VII

BEAUGENCY, FAUVEL, HUSSARDS.

FAUVEL, à part. Je connaissais bien le caractère implacable de ce représentant... il se chargera de ma vengeance.
BEAUGENCY, à ses Hussards. Où allons-nous fourrer ce particulier-là? Ah! j'y suis... Dans un petit caveau où l'incendie a respecté... En barrant bien la porte, il sera là comme dans une souricière. (Haut.) Eh! paysan, fais-nous l'amitié de nous suivre.
FAUVEL. Où me conduisez-vous?
BEAUGENCY. A la cave... ça conserve... Allons, dépêchons... dépêchons... (On le conduit dans la ferme par la gauche.)

SCÈNE VIII

MARCEAU, GALOUBET, entrant par la droite.

MARCEAU. Tu me dis que le représentant était dans cette ferme.
GALOUBET. Oui, général, il visitait les postes.
MARCEAU. C'est ici que je dois l'attendre.
GALOUBET. Vous avez été surpris, n'est-ce pas, général, de me trouver sous les armes en Vendée, vous qui m'aviez laissé à Paris. Ma foi, l'enthousiasme m'a pris... on a fait des enrôlements volontaires pour la Vendée... Là, disait-on, vous trouverez la gloire; de plus, je me suis ajouté : J'y trouverai Marceau ; et je me suis enrôlé.
MARCEAU, à lui-même. Demain, m'écrit Geneviève, il sera trop tard, et aujourd'hui... on me la donne, elle peut être à moi!
GALOUBET, à part. Il se parle tout seul; ça n'aime pas la conversation. (Haut.) Dites donc général, vous ne me demandez pas des nouvelles de...
MARCEAU. Si fait; j'allais t'adresser une question : tout à l'heure, en m'abordant, tu m'as donné à entendre que ce pays ne t'étais pas étranger?
GALOUBET. Je crois bien... le jour, la nuit, j'irais partout les yeux fermés et sans lanterne.
MARCEAU. Connais-tu un chemin de traverse qui conduise à Montoire?
GALOUBET. Il y en a deux : un qui est mauvais, et l'autre qu'on appelle le casse-cou ; nous pouvons choisir.
MARCEAU. Je choisis le plus court.
GALOUBET, à part. Alors, c'est le casse-cou.

MARCEAU. Tu vas me l'indiquer.
GALOUBET. On laisse les ajoncs à droite. On traverse le ruisseau de la petite Brive... Ah! tenez... je vais vous y conduire ; ça sera plus tôt fait, et nous jaserons en route.
MARCEAU, qui a réfléchi un moment. Je serais indigne de Geneviève si j'hésitais plus longtemps. (A Galoubet.) Viens, mon ami, partons.
GENEVIÈVE, paraissant tout à coup à gauche. Non! restez, Marceau, restez!

SCÈNE IX

MARCEAU, GENEVIÈVE, GALOUBET, FAUVEL couché.

MARCEAU. Vous, ici!
GALOUBET. Tiens, mam'zelle Geneviève!
GENEVIÈVE. Oui... je viens vous sauver. (Elle tombe de fatigue sur un banc, au pied d'un arbre, à droite.) Je craignais qu'il ne fût parti... Oh! merci, mon Dieu! merci! j'arrive à temps.
FAUVEL, paraissant au premier plan à gauche. J'ai pu m'échapper de ma prison par une issue qu'ils n'avaient pas songé à garder... (Regardant vers la droite.) Geneviève! Marceau!...
MARCEAU. Mais, cette lettre que j'ai reçue, ce n'est donc pas vous qui me l'avez écrite?
GENEVIÈVE. Si! cette lettre était un piège.
FAUVEL, à part et caché à gauche. Que dit-elle?
GENEVIÈVE, se levant, tandis que Fauvel disparaît. Si vous étiez venu, on vous eût fait prisonnier... vous eussiez résisté... Mais la résistance, pour vous, c'était la mort?
MARCEAU. Et ils avaient voulu faire de vous leur complice...
GENEVIÈVE. Ils m'avaient enfermée ; car j'avais enfin pénétré leur infernal projet... Mais le ciel vous protège, Marceau, puisqu'il a permis que je pusse leur échapper et arriver vivante jusqu'à vous.
GALOUBET, à part. Brave jeune fille !
MARCEAU. Pauvre Geneviève !... venir seule de si loin et sans guide...
GENEVIÈVE. Je ne suis pas partie seule de Montoire... Un ami, un protecteur... m'accompagnait... l'abbé Pascal.
GALOUBET. Oh! je serai bien aise de le revoir, le digne homme.
GENEVIÈVE. Hélas!
MARCEAU. Qu'est-il devenu ?
GENEVIÈVE. Des soldats qui battaient la forêt nous ont aperçus de loin... Ils ont crié : Qui vive ?.., « Ne répondez pas et marchez toujours, m'a dit Pascal. » A peine avions-nous fait encore quelques pas, qu'un coup de feu a retenti, et Pascal est tombé ; je me suis précipitée vers lui pour le secourir. « Geneviève, m'a-t-il dit, laissez-moi, le salut de Marceau vous l'ordonne... Marchez... marchez toujours! » On accourait ; j'allais être prise... rester, c'était vous perdre aussi, vous... Guidé par la main du mourant qui me montrait la chemin, je l'abandonnai en pleurant, et j'ai continué la route en recommandant Pascal à la garde de Dieu.
MARCEAU. Noble et généreux ami !...
GENEVIÈVE. Maintenant, vous comprenez, Marceau, que si je ne puis rester près de vous, je veux pas non plus retourner à Montoire.
MARCEAU. Dites-moi votre volonté, elle sera ma loi.
GENEVIÈVE. A Nantes, où vous devez, dit-on, entrer demain, j'ai une amie de couvent Mathilde de Blançay, une compagne d'enfance, chez laquelle je suis sûre d'être bien accueillie. C'est à Nantes que je veux aller.
MARCEAU. Je vous y conduirai moi-même, Geneviève?
GENEVIÈVE. Pardonnez-moi, mon ami... mais j'ai quitté furtivement mon père, et un sentiment de réserve où vous apprécierez me défend d'accepter votre protection.
MARCEAU. Cependant si je ne vous accompagne pas, il vous faudra un sauf-conduit pour parvenir sans obstacle jusqu'à Nantes et même pour y entrer.
GENEVIÈVE. Eh bien! ne pouvez-vous pas me le donner ?
MARCEAU. Si... mais qui vous conduira?
GALOUBET. Moi... si vous le permettez citoyenne. Chemin faisant, nous aurons peut-être des nouvelles de notre ami Pascal.
MARCEAU, prenant son portefeuille de sa poche et venant mettre le pied sur le banc de pierre qui est près de la ferme, laisse tomber la lettre de Geneviève. Fauvel l'aperçoit à terre. Marceau dit à Geneviève, après avoir écrit le sauf-conduit : Ceci vous ouvrira toutes les portes!... mais je vous reverrai Geneviève.
GENEVIÈVE. Oh! sans doute... quand il en sera temps, j'enverrai quelqu'un près de vous avec cette rose que vous m'avez donnée... cela voudra dire : Venez.
MARCEAU. Puissé-je le revoir bientôt!
GENEVIÈVE. Oui, bientôt. (Bruit de tambour et musique militaire au loin).

GALOUBET, venant du fond. Il s'agit de partir... voici le représentant du peuple et de la troupe qui arrivent.
MARCEAU à Galoubet. Je te la confie... à demain, Geneviève.
GENEVIÈVE. A demain ! (Geneviève et Galoubet sortent par la porte au fond. Bourbotte, les Officiers d'ordonnance et les troupes, descendent de la colline. Beaugency, Croquette et les Hussards sortent de la ferme. Tous se mettent en ligne.)

SCÈNE X

MARCEAU, BOURBOTTE, BEAUGENCY, CROQUETTE, SOLDATS, ensuite FAUVEL.

BOURBOTTE. Général Marceau, on t'a remis mon billet ?
MARCEAU. Et je viens recevoir tes ordres.
BOURBOTTE. Un rassemblement de fuyards s'est, dit-on, retranché vers les étangs de Meilleraye, il faut le déloger de cette position : l'entreprise offre quelque danger, mais avec toi Marceau nos républicains sont invincibles.
MARCEAU. A quel moment as-tu fixé l'attaque, citoyen représentant ?
BOURBOTTE, à part. Hésiterait-il ? (Haut.) Cette nuit même il faut que les retranchements de la Meilleraye soient surpris, enlevés.
MARCEAU. Demain au point du jour le drapeau de la république flottera sur la position de Meilleraye, ou Marceau sera mort ?
BOURBOTTE. Ah ! je savais bien qu'il ne pouvait pas trahir ; je t'accompagnerai, Marceau ; à toi seul le commandement, mais à nous deux le danger.
BEAUGENCY, ôtant son enseigne. Il s'agit de déménager. (A Croquette, qui est sur la porte de la ferme.) Et les trois petits ?
CROQUETTE. Ils sont tous dans le même panier sur l'âne.
BEAUGENCY. Eh bien, va les chercher tous les quatre !
MARCEAU. Soldats, aux étangs de Meilleraye ; en avant ?
TOUS. En ! avant ! en avant !...
BOURBOTTE. Et demain en vainqueurs à Nantes !
FAUVEL, à part, ramassant la lettre que Marceau a laissé tomber. Oui... demain ! à Nantes ?... Tous défilent vers la droite au son des tambours, et Croquette les suit conduisant son âne chargé de ses enfants.)

ACTE QUATRIÈME

SEPTIÈME TABLEAU

LA PRISON DE NANTES

Intérieur du parloir de la prison du Bouffay, à Nantes. — A gauche, l'entrée d'un cabanon, au premier plan, — Au deuxième, entrée du parloir. — A droite, au premier plan, porte conduisant dans l'intérieur de la prison. — Au fond, un mur de trois pieds de haut, surmonté d'une grille, traverse le théâtre dans toute sa largeur. — Cette grille laisse voir un corridor conduisant de la prison au tribunal.

SCÈNE PREMIÈRE

ROBERT, BEAUGENCY, SOLDATS.

Au lever du rideau, tous les personnages sont en scène.

BEAUGENCY, remettant son sabre dans le fourreau. Citoyen geôlier, voilà tous les prisonniers rentrés dans le devoir et dans leurs cabanons. Les ci-devant avaient bien calculé leur affaire. Pendant la fête donnée aux généraux républicains, ils s'étaient dit : Les postes seront mal gardés...
ROBERT. Et au milieu de la nuit, quand toute la population de Nantes était sur les places, sur les quais, et ne s'occupait que des illuminations...
BEAUGENCY. Les prisonniers s'occupaient à percer un gros mur ; ils tuaient deux factionnaires, et l'auraient fait un vilain parti si je n'étais arrivé avec une escouade ; en un clin d'œil, j'ai rétabli l'ordre, et chacun a repris sa place.
ROBERT. Excepté le commandant de la prison que le nouveau représentant du peuple, Carrier, a fait appeler, et qui, je crois bien, ne rentrera plus ici... comme directeur, du moins.
BEAUGENCY. Il est certain que le représentant ne se gênera guère pour le casser aux gages... à cette heure qu'on destitue un général en chef comme un simple garçon de bureau.
ROBERT. Vraiment !
BEAUGENCY. Oui, geôlier, mes galons de brigadier sont plus solides que les broderies du général Marceau lui-même.
ROBERT. Allons donc, c'est le héros de la République.
BEAUGENCY. Aujourd'hui, certainement, mais demain, qui sait ? une comparaison, geôlier. La République, c'est comme qui dirait une belle maîtresse, fière, jalouse, et pas commode à servir, qui veut qu'on se donne tout à elle, mais qui ne veut se donner à personne, ce qui m'empêche pas qu'elle ait quatorze armées d'amoureux, toujours prêts à vaincre ou à se faire tuer pour elle. (Roulement extérieur à gauche.)
ROBERT. Voilà le poste qui prend les armes.
BEAUGENCY. C'est une visite qui nous arrive.
ROBERT. Je gage que c'est notre nouveau commandant.

SCÈNE II

ROBERT, FAUVEL, BEAUGENCY, SOLDATS.

Fauvel a le costume des fonctionnaires républicains.

FAUVEL, à Beaugency. Capitaine, cette lettre du représentant Carrier t'annonce que j'ai été désigné par lui pour remplacer le citoyen Duhamel
ROBERT, à part. Qu'est-ce que je disais ?
FAUVEL. Appelé à servir la République, je remplirai impitoyablement les devoirs qui me sont imposés.
BEAUGENCY, à part. C'est drôle ? il me semble que j'ai vu cette figure-là quelque part.
FAUVEL. Redoublez donc de surveillance, car la moindre faute serait sévèrement punie. Cet homme doit être le geôlier.
ROBERT. Oui, citoyen.
FAUVEL. Donnez-moi le registre des écrous.
ROBERT. Le voilà, citoyen. (Il indique un registre placé sur une table au premier plan à droite.)
FAUVEL. C'est bien. Tout à l'heure je visiterai les différents postes établis dans le château.
ROBERT, à part. Je crois que les prisonniers ne gagneront rien au change.
BEAUGENCY. Voilà un gaillard avec lequel il faudra se tenir à cheval sur la consigne. (Beaugency et les soldats sortent à gauche. Robert entre à droite.)

SCÈNE III

FAUVEL, seul. Il s'assied près de la table. Au service de la République ! moi ! qui, sous le drapeau de Condé et de Brunswick, ai conspiré, combattu contre elle ! Il y a deux jours encore, au château de Montoire, je croyais au succès de la cause royaliste, que je servais non par conviction, mais pour arriver aux honneurs, à la fortune, voilà tout. Hier, j'ai vu cette cause irrévocablement perdue. Lestanges et Beaulieu, cernés par des forces supérieures, ne pourront opposer aux soldats victorieux de Kléber que des paysans démoralisés... leur défaite est donc certaine, inévitable, et je n'ai fait qu'avancer le moment. Je me sépare d'eux pour n'être point entraîné dans leur chûte... un seul jour, une heure peut-être me restait... une seule voie de salut m'était encore ouverte. Je n'ai point hésité, je me suis présenté hardiment chez Carrier ; je lui ai livré tous les plans, tous les secrets de l'expédition vendéenne. Grâce aux renseignements, aux avis que je lui ai donnés, pas un chef ne doit lui échapper. Le représentant, satisfait de cette preuve irrécusable, éclatante de mon dévouement, a consenti à m'employer. Je commande dans cette prison, où j'aurais été jeté demain... cette nuit peut-être, si j'avais écouté de misérables scrupules. Le seul homme que j'aie à craindre, le seul qui puisse évoquer contre moi le souvenir du passé, c'est Marceau... mais ce n'est point ici qu'il viendra me chercher, à moins que la République, servant enfin ma haine, ne me donne à garder cet implacable ennemi.

SCÈNE IV

ROBERT, FAUVEL

FAUVEL. Qu'est-ce ?
ROBERT, venant de la porte à droite. Pardon, citoyen ; je venais te dire que quand tu voudras, tu pourras commencer ton inspection:
FAUVEL. Bien.
ROBERT. Tu as examiné le registre d'écrous ?
FAUVEL, l'ouvrant. Sans doute, car ce matin je dois envoyer au représentant les noms des détenus qui ont pris la part la plus active à la révolte de cette nuit, aujourd'hui même ils comparaîtront devant le tribunal.
ROBERT. Tu trouveras les rapports dans ton cabinet.
FAUVEL. Oh ? je veux ne me fier qu'à moi... Je veux tout examiner. (Il parcourt le registre.) Qu'ai-je lu ? Geneviève de Baulieu Pascal ! ils sont ici ?
ROBERT. Oui, citoyen, une ci-devant et un abbé ; ce sont les derniers venus.

FAUVEL, à part. Et tous deux me connaissent. Un mot de Geneviève ou de Pascal pourrait me perdre.
ROBERT. Oh! vous n'aurez pas à vous occuper de ceux-là, n'ont pas pensé à se révolter.
FAUVEL, à part. Je me souviens... Geneviève est l'objet de l'ardent amour de Marceau, c'est elle qui lui a montré le piége où je lui avais tendu, et elle est en mon pouvoir!... O Marceau, je n'ai pu t'atteindre hier, mais aujoud'hui, je suis sûr te frapper au cœur. (Haut.) Où est enfermée cette jeune fille?
ROBERT, désignant la première porte à gauche. Là, citoyen... elle arrivée de compagnie avec le nommé Pascal... le pauvre able avait été blessé assez griévement... la jeune ci-devant ait demandé la faveur de n'être point séparée de lui, pour pouvoir donner ses soins, et, ma foi, le citoyen Duhamel ait consenti.
FAUVEL. Je révoque l'ordre qu'il t'avait donné! que la jeune le soit à l'instant séparée de ce Pascal, et que personne, entends-tu bien? que personne, ne puisse désormais communiquer avec elle.
ROBERT. Il suffit, citoyen... vas-tu commencer ton inspection?
FAUVEL. Je vais dresser d'abord la liste que je dois envoyer a représentant. (A lui-même.) En inscrivant sur cette liste le om de Geneviève, je me venge de toi, Marceau, plus peut être ue si j'y inscrivais le tien. (Il sort par la porte à droite en emportant registre.)

SCÈNE V

ROBERT, puis PASCAL, GENEVIÈVE.

ROBERT. Je ne m'étais pas trompé sur la mine de ce commandant-là... Ça me coûte; mais il faut obéir. (Il ouvre la porte à auche et appelle.) Citoyenne, citoyenne Geneviève,
GENEVIÈVE, arrivant vivement. Me voilà... Quelqu'un me demande, un jeune volontaire, n'est-ce pas ?
ROBERT. Non, citoyenne, personne n'est venu te demander, et cela se trouve d'autant mieux, que personne à présent ne peut communiquer avec toi.
GENEVIÈVE. Comment! pas même ce jeune homme auquel on avait permis...
ROBERT. Il n'y a plus de permission... on a destitué celui qui l'avait donnée.
GENEVIÈVE. Pourquoi m'avez-vous appelée?
ROBERT, Ah! voilà. (A part.) Comment lui glisser ça? (Haut.) On a trouvé que cette grande cellule était humide et froide, et je vais te loger ailleurs... dans la tour du Midi.
GENEVIÈVE. Oh! là du moins je verrai le soleil... le soleil, qui ranimera le pauvre Pascal.
ROBERT. Le déménagement ne concerne que toi, citoyenne... Pascal restera où il est.
GENEVIÈVE. Vous nous séparez ?
ROBERT. C'est l'ordre.
PASCAL, paraissant sur le seuil de la porte. Il faut nous y soumettre, Geneviève. (Il est pâle, et faible, et a un bras en écharpe.)
GENEVIÈVE, allant à lui. Vous quitter, mon ami, si faible encore!... ah! c'est impossible... Robert, je veux voir le directeur de cette prison.
ROBERT. Ce n'est pas facile.
GENEVIÈVE. Il aura pitié de nous.
ROBERT. Ce n'est pas probable.
GENEVIÈVE. Robert, allez trouver cet homme, et dites-lui que Geneviève de Beaulieu a une grâce à lui demander, qu'elle la payera de quelques-uns des jours qu'on lui laissait à vivre peut-être.
ROBERT. Tenez, citoyenne, j'ai bien peur de me compromettre inutilement, mais c'est égal, je vais trouver le commandant; jusqu'à mon retour... eh bien, restez ensemble.
GENEVIÈVE et PASCAL. Merci, mon ami, merci. (Il sort par la porte de droite.)

SCÈNE VI

GENEVIÈVE, PASCAL.

PASCAL. Si cet homme consent à vous entendre, Geneviève, que lui direz-vous donc?
GENEVIÈVE. La vérité... Il saura que si j'ai quitté Montoire, c'était pour le salut de l'un des chefs de l'armée républicaine... Il saura que vous étiez de moitié dans l'exécution de ce projet; enfin, si mon nom, ma naissance, ne peuvent être amnistiés, je dirai que vous Pascal, vous êtes un enfant du peuple, je dirai quelles furent vos vertus, tout évangéliques et républicaines. Oh! oui, si après notre cruelle séparation dans le bois de Saint-André nous nous sommes rencontrés au seuil de cette prison, c'est Dieu qui l'a voulu... pour que Geneviève pût enfin vous payer de sa dette en défendant, en sauvant vos jours.

PASCAL. Chère Geneviève, si vous me voyez si calme, si résigné, c'est que je ne crains rien pour vous... Marceau est à Nantes, Marceau doit être tout puissant.
GENEVIÈVE. Isidore aura-t-il pu parvenir jusqu'à lui ?
PASCAL. Il devait revenir ici au point du jour et nous dire...
GENEVIÈVE Je l'attendais... Je ne l'attends plus maintenant.
PASCAL. Pourquoi?
GENEVIÈVE. Personne ne peut plus communiquer avec moi... Isidore aura vainement tenté de pénétrer ici, on l'aura repoussé... Je ne saurai rien de ce qu'il aura tenté pour arriver jusqu'à Marceau.
PASCAL. Priez, Geneviève, ne désespérez pas.
GENEVIÈVE Oh! c'est pour ne pas offenser Dieu par le doute que j'ai besoin de vous voir, de vous entendre, Pascal... en songeant à la destinée qui m'est faite, au supplice qui m'est réservé peut-être, et que j'ai si peu mérité, tout en moi se soulève d'indignation... Mourir à vingt ans... sur un échafaud, pour une cause que je détestais! Mourir, Pascal, quand on aime et quand on est aimée, ah! c'est à ne plus croire à la justice des hommes, c'est à douter de la justice de Dieu.

SCÈNE VII

GENEVIÈVE, ROBERT, PASCAL.

PASCAL. Eh bien, Robert, qu'a répondu le directeur ?
ROBERT, venant de droite. Qu'il me ferait mettre en jugement si je m'avisais une seconde fois de différer d'une minute l'exécution de ses ordres... En conséquence, citoyen Pascal, tu vas rentrer chez toi.
GENEVIÈVE. Cet homme a refusé de m'entendre?
ROBERT. Absolument... D'ailleurs, tu aurais perdu tes instances et tes larmes, citoyenne ; le verrou de la grande porte s'entendrait plutôt que notre nouveau commandant. (Il se retire au fond.)
PASCAL. Adieu, Geneviève.
GENEVIÈVE. Je ne vous quitte pas.
PASCAL. Voulez-vous donc contraindre cet homme à employer la violence, ou voulez-vous qu'il se perde? (A Robert.) Je suis prêt. (Robert va ouvrir la porte à gauche.) Je ne désespère pas, moi ; Dieu est bon, et Marceau est près de nous. (Il rentre, Robert ferme la porte.)
ROBERT. Parlez-moi d'un prisonnier comme ça. (A Geneviève.) A présent, citoyenne... (Grand bruit extérieur à la seconde porte du côté gauche.)
BEAUGENCY, au dehors. C'est par ici... holà! hé!... là-dedans.. le cordon, s'il vous plaît.
GENEVIÈVE. Quelqu'un! si c'était pour moi... oh! par grâce, par pitié, laissez-moi parler à cet homme.
ROBERT. Impossible.
BEAUGENCY, de même. Ouvrez... ouvrez au général Marceau.
GENEVIÈVE, avec joie. Marceau!
ROBERT, avec surprise. Marceau !
MARCEAU. Oui, ouvrez, ou je fais briser cette porte.
ROBERT. Marceau! oh! ma foi, il ne doit pas y avoir de consigne pour ce nom-là. (Il ouvre, Marceau et Beaugency entrent vivement.)

SCÈNE VIII

ROBERT, BEAUGENCY, MARCEAU, GENEVIÈVE.

MARCEAU. Geneviève!
GENEVIÈVE. Mon ami!
MARCEAU. Vous... vous en prison? (Geneviève s'assied près de la table.)
BEAUGENCY. Vous y voilà, mon général, à présent il en arrivera ce qu'il pourra.
MARCEAU. Mes amis, je veux être seul responsable de ce que j'ai fait, vous direz l'un et l'autre que j'ai forcé votre consigne... et maintenant laissez-nous.
ROBERT. Ah! c'est là le général Marceau! quelle bonne et franche figure!
BEAUGENCY. Nous sommes tous jolis comme ça, geôlier. (Ils sortent par la gauche.)

SCÈNE IX

MARCEAU, GENEVIÈVE.

MARCEAU, allant à Geneviève. Geneviève! ma bien-aimée, ma généreuse amie, était-ce ici que je devais vous retrouver ?
GENEVIÈVE. A la faveur du sauf-conduit que vous m'aviez donné, j'étais arrivée à Nantes, avec mon guide fidèle. Je le quittai pour aller me réfugier près de Mathilde de Blancay, ma compagne du couvent des Dames du Rosaire. Hélas! depuis trois jours, Mathilde, compromise dans le complot d'un jeune

homme qu'elle allait épouser, était arrêtée. La force publique avait envahi sa maison, et quand je m'y présentai, espérant trouver un asile, je trouvai là des inconnus qui, m'ayant demandé mon nom, me déclarèrent suspecte et me firent prisonnière.

MARCEAU. Ah! que vous avez dû souffrir!

GENEVIÈVE. Oui, pour Mathilde, que j'ai retrouvée ici, et dont l'amant est condamné; pour notre ami Pascal, mon autre compagnon d'infortune, car, pour moi, je savais que vous ne m'abandonneriez pas. Tout mon espoir était en vous. Quand ils m'ont arrêtée, traînée ici, dans la foule qui se pressait sur mon passage, j'ai reconnu Isidore, je n'ai pu que lui jeter cette rose et lui crier : Marceau! Marceau! il m'a comprise et vous voilà, généreux et dévoué toujours. Oh! vous ne me quitterez plus, n'est-ce pas? vous ne me laisserez pas dans cette horrible prison, vous venez pour me sauver?

MARCEAU. Geneviève! en apprenant votre arrestation, j'ai couru chez le nouveau représentant; prières, menaces, j'ai vainement tout employé pour arriver jusqu'à lui... Alors, je suis venu seul au château du Bouffay. A défaut d'ordre et de permission, j'ai jeté mon nom à ceux qui vous gardent, et les grilles se sont ouvertes devant moi; voilà tout ce que j'ai pu. Maintenant, Geneviève, répondez-moi comme vous répondriez à Dieu... M'aimez-vous?

GENEVIÈVE. Je vous l'ai dit à Chartres il y a quatre ans, je vous le répète aujourd'hui, Marceau, et ma parole sera plus solennelle encore, car c'est presque celle d'une mourante. Oui, Marceau, devant Dieu, je vous aime.

MARCEAU. Eh bien, devant Dieu et devant les hommes, Geneviève, il faut qu'aujourd'hui je sois ton époux.

GENEVIÈVE. Que dites-vous?

MARCEAU. Tu as bien compris, n'est-ce pas, que si j'existe encore, c'est qu'il me reste encore l'espoir de te sauver? Nous verrons s'ils oseront envoyer à la mort la femme de Marceau.

GENEVIÈVE. Noble cœur! Mais si je consentais à faire ce que tu demandes, si je devenais ta femme, il se pourrait que ce titre fût encore une impuissante égide; et, ce titre allait te perdre... toi!... oh! non, non, je ne veux pas.

MARCEAU. Tu m'aimes, et tu refuses? tu m'aimes, et tu veux mourir seule? Mais songe donc, ma Geneviève, que mon existence à présent c'est la tienne, mon sort sera le tien. Bonheur ou supplice, je partagerai tout avec toi, je ne te quitte plus... nulle puissance humaine ne pourra nous séparer.

GENEVIÈVE. Oh! va-t'en, Marceau, va-t'en.

MARCEAU. Geneviève! cette porte ne s'ouvrira plus que pour tous deux. Si tu veux mourir, je meurs. Pour moi, ce sera du bonheur encore qu'une nuit passée dans le même cachot, le trajet dans la même charrette, la mort sur le même échafaud.

SCÈNE X

ROBERT, BEAUGENCY, UN OFFICIER, MARCEAU, GENEVIÈVE, SOLDATS.

ROBERT, accourant. Général! général!... un officier, des soldats! on vous cherche.

GENEVIÈVE. Mon Dieu! il me fait peur.

MARCEAU. De quoi s'agit-il?

BEAUGENCY, entrant. D'une infamie! Est-ce qu'on n'ose pas dire qu'on va vous arrêter?

GENEVIÈVE. Lui!

BEAUGENCY. Mais nous sommes là, pour vous défendre.

MARCEAU, à Beaugency. Arrête!... explique-toi.

ROBERT. Le directeur de la prison, en apprenant que vous aviez forcé toutes les consignes, a écrit au représentant.

UN OFFICIER, entrant suivi de Soldats. Je viens te demander ton épée.

MARCEAU, avec regret. Mon épée!

BEAUGENCY. Suspect!... prisonnier!... lui, Marceau, le héros de votre armée, celui qui vous a tant de fois conduits à la victoire! Oh! mais tu résisteras, Marceau; tu appelleras à toi les soldats qui t'aiment, t'admirent... A la voix, ils briseront les fers infâmes qu'on ose te donner.

BEAUGENCY, bas à Marceau. Oui, vous n'avez qu'un mot à dire, et nous nous ferons tuer à votre intention.

MARCEAU, avec calme. Capitaine, tu as l'ordre du représentant?

L'OFFICIER. Le voici, général.

MARCEAU, après avoir lu. C'est bien, Voici mon épée.

GENEVIÈVE. Que fais-tu?

MARCEAU. Mon devoir. J'ai juré obéissance, dévouement absolu à la République, je ne donnerai jamais l'exemple d'une coupable révolte. Devant l'ennemi, je suis général en chef; ici, je ne suis plus qu'un citoyen... Capitaine, allez porter au représentant cette épée dont je n'ai fait qu'un patriotique usage... Je croyais ne la rendre qu'avec ma vie, mais j'oubliais que la République qui me l'a donnée avait le droit de me la reprendre. (Il donne son épée; l'Officier la reçoit en s'inclinant, et sort avec les Soldats.)

BEAUGENCY, à part. C'est à avaler sa moustache de colère.

ROBERT. J'avais aussi reçu du directeur de la prison l'ordre...

MARCEAU. De nous séparer?... Ah! pour accomplir celui-là, il vous faudra employer la violence. J'obéis aux volontés d'un représentant du peuple parlant au nom de la République, je résisterai, je vous en préviens, à la tyrannie d'un despote subalterne.

BEAUGENCY. Mon général! tant qu'il y aura ici un soldat, pas un guichetier ne portera la main sur vous. (A Robert.) D'ailleurs, tu n'as pas besoin de l'enfermer, la parole de Marceau est plus sûre que tes grilles et tes verroux. (Ils sortent.)

SCÈNE XI

GENEVIÈVE, MARCEAU.

GENEVIÈVE. Dénoncé! arrêté! toi, Marceau!

MARCEAU, accablé et assis auprès de la table. Béni soit mon accusateur! il me donne ce que tu me refusais, la même destinée que la tienne.

GENEVIÈVE. Oh! tu te justifieras facilement.

MARCEAU. Je ne me défendrai pas. Je ne respirais que pour la République et pour Geneviève. L'une me soupçonne et l'autre me repousse. Pourquoi donc vivrais-je à présent?

GENEVIÈVE. Tu vivras, Marceau, pour que je ne meure pas désespérée; car c'est ton empressement à me revoir, ton zèle à me servir, qui t'ont perdu. Ils ne savent pas notre amour. Ils ne voient en toi que le protecteur d'une Vendéenne. Marceau, tu paraîtras devant leur tribunal, non pas en accusé timide et résigné, tu te montreras tel que la France te connaît, héros intrépide, patriote irréprochable. Tu diras à tes juges : Si j'ai voulu protéger Geneviève; si, pour la revoir, j'ai tout bravé, c'est que je l'aime! Tu leur diras encore,... puis avouer cet amour... Geneviève n'est pas l'ennemie de la République... Elle s'est dévouée pour se placer entre ma poitrine et les poignards vendéens... Elle n'est pas l'ennemie de la République, car elle aime Marceau, car elle est sa femme.

MARCEAU, se levant. Que dis-tu?

GENEVIÈVE. Quand le danger n'était que pour moi seule, ne pouvais vouloir te le faire partager; à présent, il est pour tous deux... et je puis te l'avouer, Marceau, ma raison seule résistait tout à l'heure; dans mon cœur, je te nommais déjà mon époux.

MARCEAU. Ma Geneviève bien-aimée!

SCÈNE XII.

ROBERT, GENEVIÈVE, MARCEAU.

ROBERT, venant de la deuxième porte à gauche. Citoyenne, et général, vous ne pouvez rester plus longtemps dans ce parloir et je viens vous chercher pour vous conduire... (Il indique la première porte à gauche, et l'ouvre.)

MARCEAU. Dans cet horrible cachot!

GENEVIÈVE. Ah! mon ami, c'est là qu'on bénira notre union, c'est là que Pascal.....

MARCEAU. Pascal!... digne ami... Au moins nous allons nous revoir.

ROBERT. Vous revoir! non, car il n'est plus.

GENEVIÈVE. O mon Dieu! où est-il donc?

ROBERT. En route pour le tribunal. Le directeur avait dressé lui-même la liste des prévenus qui doivent comparaître aujourd'hui là-bas... Vous étiez en tête de cette liste.

GENEVIÈVE. Moi!

ROBERT. Pascal ne devait passer que le second. Quand je suis entré chez lui tout à l'heure pour venir ici, je l'ai trouvé à genoux, près de cette porte. (Il indique la première à gauche.) Il semblait écouter ce que vous disiez ici, et en écoutant il priait et pleurait. Quand il a su que je venais te chercher, il m'a demandé comme une grâce d'intervertir l'ordre de la liste. Je le lui refusais, disait-il... Enfin, il m'a tant sollicité que j'ai consenti.

MARCEAU. Généreux ami!

GENEVIÈVE. Il est parti sans que je l'aie revu.

ROBERT. L'escalier qu'il doit monter pour sortir... est derrière cette grille, et à travers ces barreaux, vous pouvez voir. (Musique.) Tenez, j'entends les pas des soldats qui le conduisent. C'est lui, le voilà. (En ce moment, on voit au fond à travers la grille, passer le peloton de soldats, qui conduit Pascal. On fait halte un instant. Pascal est au milieu. Le peloton vient de la gauche et sort vers la droite.)

GENEVIÈVE et MARCEAU. Pascal!

MARCEAU. Mon ami !
GENEVIÈVE. Mon frère !
PASCAL, aux soldats. Un moment ! je ne vous demande qu'un moment. Geneviève, Marceau, vous avez formé le vœu d'être unis... Ce vœu, je viens l'accomplir. A genoux, enfants, à genoux, car l'instant est suprême, Dieu, qui lit dans vos cœurs, nous bénit par ma voix. Vous, qui vouliez mourir ensemble, jurez de ne plus vivre que l'un pour l'autre ; vous qui vous êtes tant aimés, jurez de n'avoir jamais d'autre amour.
MARCEAU et GENEVIÈVE. Je le jure.
PASCAL. Songez que ce serment est sacré et solennel comme s'il avait été prononcé sur le saint Évangile et au pied de l'autel. Le serment que je reçois, mes amis, je vais le porter à Dieu. (Il étend les mains à travers les barreaux, puis on le voit se remettre en marche. Marceau et Geneviève sont encore à genoux, et déjà Pascal a disparu.)
GENEVIÈVE, se levant et suivant du regard la sortie de Pascal. Pascal !
MARCEAU, passant à gauche. Il a disparu ! (On frappe violemment à la porte du côté gauche.)

SCÈNE XIII
BEAUGENCY, KLÉBER, MARCEAU, GENEVIÈVE.

GENEVIÈVE, entendant frapper. Oh ! Marceau ! on vient t'arracher de mes bras.
MARCEAU. Qui l'oserait !
KLÉBER, au dehors. Au nom du représentant du peuple, ouvrez.
MARCEAU. Je reconnais cette voix. (Robert a ouvert la porte.)
KLÉBER. Bien dit.
MARCEAU, l'embrassant. Kléber ! mon ami !
KLÉBER. Ah ! ça ! tu n'es pas surpris de me voir, n'est-ce pas ?
MARCEAU. Comment as-tu appris si vite mon arrestation ?
BEAUGENCY. Par moi, donc ! Quand j'ai vu qu'on vous retenait ici prisonnier, je me suis dit : Il n'y a que son ami Kléber ou le diable qui puisse tirer mon général de leurs griffes ; et après m'être donné au diable pour réussir, j'ai couru chez le citoyen Kléber.
KLÉBER. Cinq minutes après son arrivée, j'étais, moi à l'hôtel de ville ; j'ai jeté à droite et à gauche les intrigants qui voulaient m'empêcher de voir le représentant. Je l'ai trouvé prévenu contre toi par quelque infâme délation... Mais j'ai parlé haut et ferme ; j'ai dit que je répondais corps pour corps, honneur pour honneur de mon compagnon d'armes... Carrier m'a répondu qu'il venait d'envoyer à Paris la pièce qui avait motivé ton arrestation. Si c'est à Paris qu'on t'accuse, il faut qu'il aille à Paris pour se défendre. Carrier a refusé d'abord ; mais je me suis dressé en ôtage ; alors il a consenti. Il te donne trois jours. Une chaise de poste préparée par mes soins est en bas. Pars, cours à Paris, tu verras là-bas Robespierre ; il est inflexible, je le sais, mais il est juste, et tu n'as rien à redouter de la justice. Serre donc la main du brigadier, embrasse-moi et va-t'en.
MARCEAU, montrant Geneviève. Partir sans elle !... jamais.
KLÉBER. La citoyenne Beaulieu !...
MARCEAU. Ma femme !
GENEVIÈVE. Il ne faut pas perdre une minute, Marceau, ton voyage à Paris doit nous sauver ; tu plaideras ma cause devant le citoyen Robespierre, qui se souviendra peut-être de la jeune fille qu'il a déjà protégée au champ de Mars, le jour de la Fédération.
MARCEAU. Mais, si pendant mon absence le lâche ennemi qui m'a dénoncé, allait reporter sur toi sa haine ?
BEAUGENCY. Ne laissez-vous pas à Nantes un autre vous-même ? Que peut donc craindre la femme de Marceau quand le général Kléber est près d'elle ?
KLÉBER. Bien dit, mon brave. (A Marceau.) Ta femme a raison. Je me charge d'obtenir tous les sursis nécessaires. J'ai répondu de Marceau au représentant Carrier, je réponds de Carrier au général Marceau.
MARCEAU. Je n'hésite plus. Merci, Kléber. A bientôt, Geneviève.
GENEVIÈVE. Ami, rends-moi cette rose, premier gage de notre amour ; si je courais quelque nouveau danger... par elle, tu l'apprendrais encore.
KLÉBER, à Marceau. Songe que tu n'as que trois jours.
MARCEAU. Veille bien sur Geneviève, mon ami.
KLÉBER. Je te réponds d'elle. (Ils sortent.)
FAUVEL, paraissant à l'entrée à gauche. Je le ferai mentir, Kléber ! Marceau m'échappe encore, mais Geneviève me reste. (Pendant l'aparté de Fauvel, Marceau et Kléber sont arrivés derrière la grille. Geneviève, dans l'intérieur, fait un dernier signe d'adieu. Robert, sur la porte du cachot, lui indique du geste qu'il est temps de rentrer.)

HUITIÈME TABLEAU
LA MAISON DE ROBESPIERRE.

Une petite salle au rez-de-chaussée, très-modestement meublée. — Au premier plan, à gauche, une cheminée dans laquelle il y a du feu. Au-dessus, du même côté, un petit escalier avec sa rampe, en montant à la chambre occupée par Robespierre. — Tout le fond de cette chambre est vitré et donne sur une cour dans laquelle est un atelier de menuisier, puis la porte de la rue. — Au vitrage, de petits rideaux. — A l'avant-scène, à droite, une table couverte d'un tapis vert. — Sur la table, quelques livres, une corbeille à ouvrage. Quatre chaises.

SCÈNE PREMIÈRE
COCHEGRU, CORNÉLIA, assise près de la table et travaillant.

COCHEGRU, arrivant du dehors, portant un carton à chapeau et plusieurs paquets. Traversant la cour et parlant à un ouvrier qui travaille. Salut et fraternité, papa Duplay. (Il entre.) Serviteur, citoyenne Cornélia. Qu'est-ce qui me débarrasse ? Je suis chargé comme un ci-devant mulet.
CORNÉLIA. Qu'est-ce que c'est que tout cela, citoyen Cochegru ?
COCHEGRU. C'est le résumé des trente-six commissions que la mère Duplay, votre auteur, voulait faire au petit Nicolas. Quand j'ai su qu'il s'agissait du citoyen Robespierre, qui loge chez vous, je me suis dit : le petit Nicolas n'est pas assez grand patriote pour ça... Alors, je lui ai pris le catalogue de ses courses, et je rapporte les objets demandés.
CORNÉLIA. Quels objets ?
COCHEGRU. L'uniforme d'ordonnance pour la fête à l'Être-Suprême qu'on a décrété avant z'hier, et qu'on lui souhaiterait aujourd'hui ; il faut un habit neuf au citoyen représentant n° 1. Sous mon bras droit, l'habit de rigueur. Il faut une culotte fraîche au citoyen représentant n° 2. Sous mon bras gauche, la culotte indispensable. N° 3, la cravate blanche, le gilet et les gants, nuance analogue. N° 4, dans le carton, le chapeau et les plumes, avec le bouquet de violettes et d'épis ; tout cela est sous le même couvercle. Eh bien, il me manque quelque chose... et les escarpins donc ? Ah ! je me rappelle, ils sont dans mon sein... Les voilà.
CORNÉLIA. Tu t'es donné bien de la peine, mon garçon !
COCHEGRU. Au contraire, j'ai eu de l'agrément ; on m'a pris pour le domestique de la maison. Ça m'a fait un fier honneur ; et puis, tout ce que j'ai entendu dire en chemin à propos de la fête d'aujourd'hui...
CORNÉLIA. On en parle bien, n'est-ce pas ?
COCHEGRU. En très-bien. Tout le monde est du même avis, excepté ceux qui ne s'accordent pas avec les autres.
CORNÉLIA. C'est ce qui arrive assez généralement ; mais encore que dit-on ?
COCHEGRU. Ça dépend des personnes qui parlent. D'abord, il y a ceux qui ont ce qu'ils voulaient ; ceux-là disent bien : Ça nous va, vive le père Éternel et puis ils s'embrassent. Ensuite, il y a ceux qui ne savent pas ce qu'ils veulent. On les entend dire : Hé !... hé !... ou bien : Hum !... hum !... C'est leur opinion à ces gens-là... Enfin, il y a ceux qui ne voulaient rien du tout ; ils parlent plus bas, ceux-là. Ce Robespierre, dit l'un, il veut accoutumer la République à adorer quelque chose pour qu'on se courbe un jour devant lui. Il se fait sacrificateur, dit l'autre, et il pourrait bien être victime... Enfin, j'en ai entendu un qui disait : Il y en a comme Brutus... C'te bêtise ! j'crois bien qu'il y en a... J'en suis un, moi, Brutus, Cochegru, pâtissier-rôtisseur, rue Honoré, un pâté sans-culotte.
CORNÉLIA, rêveuse. Leurs paroles m'effrayent.
COCHEGRU. Au fait, je n'aurais peut-être pas dû te conter ça, à toi, qu'il doit épouser un de ces décadis.
CORNÉLIA, avec effort. Moi ! la femme de Maximilien !
COCHEGRU. C'est officiel et à l'ordre du jour, dans tous les clubs ; on en parlait hier encore à la section des Moineaux... Dis donc, citoyenne Cornélia, voux-tu que je monte tout ça chez lui ?
CORNÉLIA. Non ; tu ne pourrais pas le voir, il travaille.
COCHEGRU. C'est différent. (Il pose tous ses paquets sur une chaise près de la rampe de l'escalier.) Je remplirai le citoyen représentant à la fête, vu que j'y ai un emploi aussi. C'est moi qui pousse le char de l'Abondance... je suis la cinquième roue. (Il sort, et en passant dans la cour, il crie.) A revoir, papa Duplay.

SCÈNE II
CORNÉLIA, seule. Partout des ennemis ! toujours des menaces ! et Maximilien s'étonne que mon cœur ne soit pas réjoui par

l'appareil des fêtes... Il paraît calme, lui... moi, j'ai peur, oui, j'ai peur!

SCÈNE III

CORNÉLIA, TALMA, MARCEAU, venant du fond.

TALMA, introduisant Marceau. Je connais la maison. C'est ici, général.
MARCEAU. Ah! m'y voici donc.
CORNÉLIA, sortant de sa rêverie. C'est toi, citoyen Talma?
TALMA. Je te présente mon ami Marceau; il m'a prié de l'accompagner chez toi... il désire parler à Robespierre?
MARCEAU. Oui, citoyenne, à l'instant même, il le faut.
CORNÉLIA. C'est impossible! Maximilien ne peut recevoir personne.
MARCEAU. Personne! Oh! à moins qu'il ne soit sorti, je te dis, citoyenne, qu'il me recevra.
TALMA. D'autant plus qu'il n'est pas invisible pour tout le monde, car on vient de nous assurer que le représentant Chénier était ici.
CORNÉLIA. En effet : mais ils sont en conférence ensemble, et j'ai ordre de ne pas les déranger.
MARCEAU. Eh bien, je te prie de dire à Chénier que c'est moi, moi, son ami Marceau, qui attends... Lui et Talma auront peut-être assez de puissance pour me faire obtenir l'audience que je demande.
TALMA. Certainement. On n'a rien à refuser au général Marceau, l'un des plus braves enfants de la République.
CORNÉLIA. Je regrette qu'il n'est en pouvoir te satisfaire, mais Maximilien a défendu sa porte, et ici la volonté de Maximilien est souveraine.
MARCEAU, vivement. Le puissant tribun est-il donc déjà roi, qu'on ne puisse l'aborder? (A Talma.) Cette maison n'a-t-elle pas une autre issue.
TALMA. Il ne peut sortir de chez lui que par cet escalier.
MARCEAU, se plaçant près de l'escalier. Alors, je l'attends là, il sera bien forcé de nous voir... il ne passera pas sans m'avoir entendu.
CORNÉLIA, inquiète. Que lui veux-tu donc?
MARCEAU. Lui demander justice!

SCÈNE IV

CORNÉLIA, TALMA, MARCEAU, CHÉNIER.

CHÉNIER, sur l'escalier et parlant à la cantonade. C'est convenu, je cours au Théâtre de la Nation faire répéter mes strophes. (Il descend.) — Est-il possible! le général Marceau à Paris!
MARCEAU, lui prenant la main. Ah! je suis heureux de te revoir, ami.
CHÉNIER. Et moi, fier de ton amitié.
MARCEAU. Eh bien, Chénier, cette amitié, je l'invoque pour être introduit sur-le-champ près de Robespierre, ce qui n'est pas facile à ce que je vois.
CHÉNIER. Comment, tu sollicites et l'on te fait attendre?... Compte sur moi, je vais lui parler... ou plutôt, parle-lui toi-même, car le voici.
MARCEAU. Enfin!

SCÈNE V

CORNÉLIA, ROBESPIERRE, CHÉNIER, MARCEAU, TALMA.

ROBESPIERRE paraît en haut de l'escalier, et lit une lettre qu'il tient à la main. Il s'arrête un instant et descend lentement en scène, toujours les yeux fixés sur la lettre.

ROBESPIERRE, lisant. « La Roche Tarpéienne est près du Capitole... » Merci de l'avertissement, mais je n'en tiendrai pas compte... aujourd'hui, j'y monte, au Capitole... Ah! si Danton pouvait me voir!...
CHÉNIER, l'abordant. Maximilien!
ROBESPIERRE, surpris. Hein! tu es encore ici, Chénier? te voilà Talma?
CHÉNIER, présentant le général. Robespierre, le général Marceau, notre ami.
TALMA. Le pacificateur de la Vendée, l'enfant bien-aimé de la patrie.
CHÉNIER. Le Républicain des jours antiques.
ROBESPIERRE, allant à Marceau. Soldat de Sparte, je te salue. (Pendant ce qui suit, Cornélia rentre dans la chambre les paquets déposés par Cochegru.
MARCEAU. Ah! je n'ai pas espéré en vain, puisque tu m'accueilles ainsi, toi, le conventionnel tout puissant qui d'un mot et d'un geste dresse ou renverse les échafauds.

ROBESPIERRE. Moi! tu t'abuses, Marceau.
MARCEAU. Non, laisse-moi croire que tu as cette puissance, et si tu ne l'as pas, prends-la, car il faut que tu sois sage.
ROBESPIERRE, à Cornélia qui reparaît. Tu entends ce que l'on me demande, Cornélia... Tu n'as donc pas dit qu'aujourd'hui je ne pouvais m'occuper que de la solennité qui se prépare?
CORNÉLIA. J'ignorais ce que le citoyen général avait à te dire...
TALMA. Moi aussi... Mais tu dois l'entendre, Maximilien, toi qui as voulu que cette cérémonie, ton ouvrage, n'exprimât que des sentiments de concorde et de fraternité.
CHÉNIER. Toi, qui as exigé qu'on suspendît aujourd'hui les supplices.
ROBESPIERRE. C'est vrai... Eh bien, explique-toi, Marceau... De qui veux-tu parler? que demandes-tu?
MARCEAU. La liberté, la grâce de ma femme!...
CORNÉLIA. De sa femme, Maximilien!...
MARCEAU. Pour l'obtenir, j'ai parcouru une longue route, sans repos, sans sommeil... J'ai passé la nuit à ta porte, qui déjà, ce matin, m'a été refusée... Alors, je me suis adressé à tes collègues, et ils m'ont tous renvoyé à toi, à toi le chef suprême du salut public!...
ROBESPIERRE, avec satisfaction. Ah! on me donne ce titre?... Je ne suis que l'esclave de la loi...
MARCEAU. Robespierre le salut public est en péril, quand la loi frappe un innocent... Épargne une honte à la France, un crime à la justice ; rends-moi ma femme!...
TALMA. La femme de Marceau accusée! Oh! il dit vrai, ce ne peut être que le fait d'une erreur ou une calomnie.
CHÉNIER. Oui... J'ignore ce qu'on lui reproche, mais le nom de son mari le protège et la justifie... Tout ce que la main de Marceau a touché est pur... La femme que son cœur a choisie ne peut être coupable!...
ROBESPIERRE. C'est aussi ma conviction...
MARCEAU. Merci... Mais il faut que d'autres la partagent ou la subissent... Ainsi hâte-toi d'écrire ; car si dans deux jours je ne suis pas à Nantes, avec l'acte de ta volonté qui doit rendre libre leur prisonnière, je te le l'ai dit, ils la condamneront!... (Long silence. Tous les regards sont fixés sur Robespierre ; une profonde anxiété s'est emparée de tous. Robespierre se retire lentement vers l'escalier. En passant devant tous les personnages qui forment une ligne oblique à droite, il serre la main à Chénier, puis il continue à marcher ; mais Cornélia qui a remarqué ce mouvement de Robespierre, dit vivement à Marceau :
CORNÉLIA. Elle sera sauvée!
CHÉNIER, de même. Oui, sauvée!
MARCEAU, à Robespierre qui s'est arrêté sur les premières marches. Mais le temps presse!... Qui te retient?
ROBESPIERRE. C'est à Nantes, dis-tu, qu'elle a été arrêtée?
MARCEAU. On la traînait en prison, pendant que le peuple saluait en nous ses libérateurs!...
ROBESPIERRE. Tu ne m'as pas dit le nom de ta femme?
MARCEAU. Geneviève de Beaulieu!
ROBESPIERRE, revenant vivement en scène. Une aristocrate! (Tous les personnages qui ont suivi rapidement ce mouvement redescendant en scène).
CORNÉLIA, à part. O mon Dieu!...
TALMA. Qu'importe?...
CHÉNIER. Son mariage a racheté le tort de sa naissance!...
MARCEAU. Il n'est pas de cœur plus patriote et plus pur que le sien!
ROBESPIERRE. Mais elle est la fille du chef des brigands de Montoire... Et c'est celle que tu as épousée?...
MARCEAU. Quels que soient le nom et les crimes de son père, ma femme est injustement détenue à Nantes... Je te demande sa liberté... Veux-tu me l'accorder?
ROBESPIERRE. C'est impossible!... (Tirant une lettre de sa poche et la lui montrant) Voici une lettre qui la condamne!...
MARCEAU. Une lettre écrite par Geneviève elle-même, n'est-ce pas? On t'aura dit qu'elle l'avait envoyée à un chef de nos armées pour l'engager à déserter son drapeau, à trahir la République!...
ROBESPIERRE. Peux-tu prouver le contraire?
MARCEAU. Non!...
CHÉNIER et TALMA. Que dit-il?
CORNÉLIA, à part. Il n'y a plus d'espoir.
MARCEAU. C'est bien sa main qui a tracé ces lignes, et le chef dont on voulait la mort ou le déshonneur, et ils devant toi!...
ROBESPIERRE. Tu vois bien, Marceau, qu'on ne peut l'absoudre!...
MARCEAU. Mais ce qu'on ne t'a pas dit, Maximilien, c'est que le marquis de Beaulieu employa la torture pour forcer sa fille à m'écrire... Ce que tu ne sais pas, c'est qu'au risque de sa vie Geneviève, échappant à son père, venait m'avertir du piège qu'il m'était tendu, quand elle fut prise dans un cachot. Voilà la vérité... A présent, me diras-tu comment cette lettre que j'avais égarée a pu te parvenir?...

ROBESPIERRE. Regarde la signature de celui qui me l'adresse...
MARCEAU. Antoine Fauvel !
ROBESPIERRE. Le directeur de la prison de Nantes.
MARCEAU. Fauvel !... Ah ! je comprends... Il se venge sur ma femme, parce qu'il n'a pas pu me tuer moi-même !
ROBESPIERRE. Que veux-tu dire ? (Il se dirige pas à pas vers la cheminée, s'arrête, pose indifféremment la lettre sur la cheminée. Cornélia suit tous ses mouvements.)
MARCEAU. Ce Fauvel, c'est un misérable, flétri pour avoir vendu à prix d'or le sang d'un pauvre soldat... Ce Fauvel, c'est l'assassin de Beaurepaire... Ce Fauvel a livré les Vendéens, c'est vrai ; mais avant d'être leur dénonciateur, il était leur complice... Et c'est sur son témoignage que des magistrats du peuple rendaient un arrêt de mort !... C'est impossible ! car ces hommes, qui par cupidité ou par vengeance, servent toutes les causes, ces hommes flétrissent et détruisent le parti qui les emploie !... Ces hommes déshonorent la révolution, ils perdraient la République !...
CHÉNIER. Nous la voulons pure, pour qu'elle soit durable...
CHÉNIER. Oui, mépris et châtiment à l'accusateur !...
ROBESPIERRE, qui est revenu près de Marceau. Mais l'accusation subsiste toujours, et devant cette preuve, je ne puis interrompre le cours de la justice...
CORNÉLIA, prenant vivement la lettre laissée sur la cheminée, la déchirant et jetant les morceaux au feu. La preuve n'existe plus... il te reste la conviction...
ROBESPIERRE. Imprudente !
CHÉNIER, à Robespierre. Que crains-tu ? Il n'y a que nous qui avons vue...
ROBESPIERRE, à Cornélia. Je n'oublierai pas que Geneviève te doit la vie !...
ROBESPIERRE. Jamais, n'est-ce pas, Marceau, jamais les liens de la famille ou l'influence de l'amour ne te feront oublier ton devoir ?
MARCEAU. Jamais !...
ROBESPIERRE. Si tu te trouvais les armes à la main, en face du marquis de Beaulieu ?...
MARCEAU. Je l'ai déjà combattu, et je le combattrais encore !
ROBESPIERRE. Attends ici, je vais te donner une lettre pour le représentant qui commande à Nantes. (Il monte chez lui).

SCÈNE VII

CORNÉLIA, MARCEAU, TALMA, CHÉNIER.

MARCEAU. Grâce à vous, mes amis, grâce à toi, citoyenne, je reverrai Geneviève... Geneviève, qui n'espère plus peut-être, et à qui je vais porter la liberté et le bonheur... Ce serment prononcé sous la voûte d'une prison, c'est au grand jour que nous pourrons l'accomplir !... (Coup de canon.)
CORNÉLIA. Ce bruit annonce la fête de l'Être-Suprême.
TALMA. En ce moment, Marceau, il n'y a pas un seul échafaud dressé sur la surface de la France...
CHÉNIER. Oui, au nom de la Convention nationale, c'est Dieu seul qui règne...
MARCEAU. Oh ! que ce jour est beau !... Partout, comme dans mon cœur, l'espérance, la vie.

SCÈNE VIII

CORNÉLIA, CHÉNIER, GALOUBET, MARCEAU, TALMA.

GALOUBET, qui est entré en hésitant. Mais oui... le voilà... c'est lui !... mon général !...
TALMA. Galoubet !
CHÉNIER. Notre ami du champ de Mars...
MARCEAU. Toi à Paris... Et qu'y viens-tu faire ?...
GALOUBET. Vous voir... Ah ! que j'ai eu de peine à vous trouver ! Depuis ce matin, je cours de l'un à l'autre, et partout où je suis venu, vous veniez d'en sortir...
MARCEAU. Je comprends... Tu as quitté Nantes, parce que tu étais inquiet... Tu voulais connaître les résultats de mes démarches... Rassure-toi, Geneviève est sauvée... Dans un instant, j'aurai l'ordre de la faire mettre en liberté !...
GALOUBET, tristement. Ah ! vous avez l'ordre... Mais c'est que...
MARCEAU. Qu'as-tu donc ?...
TALMA. En effet, il paraît tout troublé...
MARCEAU. Parle mon garçon, parle...
GALOUBET. J'vas vous dire : le jour de votre départ... il y a eu des jugements là-bas...
MARCEAU. Des jugements !... est-ce que Geneviève ?...
CHÉNIER. Oh ! quelle idée !...
GALOUBET. Et par suite, des condamnations...
MARCEAU. Mais tu ne me dis pas qui on a jugé ? qui on a condamné ?...

GALOUBET. Le soir aux flambeaux, ceux qu'on avait trouvés coupables ont été conduits sur la grande place... J'ai, ainsi que bien d'autres, suivi une charrette... la deuxième... Je l'ai promis !...
MARCEAU. Promis !... à Pascal, peut-être !...
CHÉNIER. Pauvre abbé Pascal !...
GALOUBET. Arrivés devant les gendarmes, impossible aux curieux d'aller plus loin... Mais quand tout a été fini et que la foule s'est dispersée, alors, comme j'en avais reçu l'ordre, je me suis approché de l'endroit où les charrettes s'étaient arrêtées, et là...
MARCEAU. Eh bien ?...
GALOUBET. J'ai ramassé pour vous...
MARCEAU. Quoi donc ?... Achève...
GALOUBET. Excusez-moi... je n'ai plus la force de parler... Tenez, tenez, mon général !... (Il lui présente la rose.)
MARCEAU. Cette rose et tu pleures ! Ah ! je devine... Geneviève !... ils l'ont tuée !... (Il tombe accablé sur une chaise, à gauche.)
CORNÉLIA, TALMA, CHÉNIER, Morte !...
GALOUBET, aux genoux de Marceau. Elle vous ordonne de vivre, et celui qui m'envoie, c'est Pascal, notre ami, Pascal, que les bourreaux de Geneviève ont épargné !...

SCÈNE IX

LES MÊMES, ROBESPIERRE.

ROBESPIERRE, un papier à la main, Pars à Nantes, Marceau ! Voici l'ordre qui t'ouvrira la prison de ta femme !...
CORNÉLIA. Hélas ! il est trop tard !..
ROBESPIERRE. Trop tard !...
MARCEAU. Oui, trop tard !... Que ce mot soit le remords éternel de ceux qui condamnent ! Vos ordres qui rouvrent les prisons ne peuvent pas rouvrir les tombeaux !... (Il déchire l'ordre.)

ACTE CINQUIÈME

NEUVIÈME TABLEAU

LA MORT DE MARCEAU.

Une salle basse de la maison du bourgmestre, fermée au fond par une baie vive à hauteur d'appui, laissant une entrée au milieu. — Plus loin, le village. — A gauche, à l'avant-scène, une table sur laquelle il y a papier, plumes et encre. — Du même côté, la porte d'une chambre. — A droite, une autre porte.

SCÈNE PREMIÈRE

BEAUGENCY, tenant UN ENFANT devant lui, assis à l'avant-scène à droite. Ensuite CROQUETTE et DEUX AUTRES ENFANTS. Ils viennent de la gauche à l'extérieur.

BEAUGENCY. Là, très-bien, te voilà costumé. A présent, mon Loulou, il s'agit de prendre notre leçon de déclamation... Ne regarde donc pas du côté de la cantine... Si tu dis bien ton rôle, tu auras du nanan ; une gousse d'ail sur ton pain, ça remplace la brioche dans ce pays de Kinzerlics.
CROQUETTE, en dehors. Gauche, droite, gauche, droite.
BEAUGENCY. Voilà voilà Croquette qui fait faire l'exercice aux autres, ça va embrouiller nos études dramatiques.
CROQUETTE, paraît au fond avec deux enfants qu'il fait marcher au pas ; elle bat de la caisse, s'arrête et commande : Halte ! front !
BEAUGENCY. Tu as fini, n'est-ce pas ? eh bien nous allons commencer.
CROQUETTE. Fini, plus souvent ! nous avons encore le maniement du fusil. (Elle pose son tambour.)
BEAUGENCY. Ne nous occupons pas de ça, soyons à notre affaire. Nous disons que je suis la reine Athalie.
CROQUETTE, aux deux enfants. Attention au commandement. Portez arme ! présentez arme ! silence dans les rangs... Nini, attends que je te mouche popo.
BEAUGENCY, à l'enfant. La reine Athalie, vois-tu, c'est comme qui dirait ta mère Croquemitaine, et il ne s'agit pas de trône... Tu ne sais pas ce que c'est, jeune enfant de la République... Eh bien, figure-toi qu'elle a mangé ta tartine et qu'elle veut t'avaler toi-même... Tu connais la situation, hardi, chauffons la scène.

CROQUETTE. S'il y a du bon sens d'abuser de l'innocence de ce petit pour lui apprendre des bêtises.
BEAUGENCY. Des bêtises, une tragédie premier numéro... D'ailleurs je veux que mon Loulou soit un artiste comme papa.
CROQUETTE. Et moi je veux que les autres soient des troupiers comme maman. (Aux enfants.) Nous allons défiler du côté de la gamelle.
BEAUGENCY, à Loulou. C'est toi qui commences, jeune artiste.

Daigne mettre, grand Dieu, ta sagesse en sa bouche.
Comment vous nommez-vous ?

LOULOU, s'échappant des mains de Beaugency. Loulou. J'ai faim, et je veux aller à la gamelle avec les autres.
CROQUETTE, qui a repris son tambour. A vos rangs et partons du pied gauche. En avant, marche. (Elle bat le pas accéléré. Les trois enfants défilent et entrent dans la chambre à droite. Croquette se débarrasse de son tambour. Pendant ce temps, Fauvel est entré par le fond.

SCÈNE II

FAUVEL, CROQUETTE, BEAUGENCY.

FAUVEL. Il est en chasseur tyrolien. A part. J'aurais sans doute ici les renseignements que je désire.
BEAUGENCY, l'apercevant. Qu'est-ce que c'est que ce paroissien-là ?
CROQUETTE. Pardine ! un chasseur tyrolien.
BEAUGENCY, prenant son fusil. Un ennemi !
FAUVEL. Un instant, hussard. Tu sais bien qu'hier une compagnie tout entière des nôtres a passé de votre côté avec armes et bagages. C'est comme ça que tu reçois les amis.
CROQUETTE. C'est vrai. Ça n'encourage pas les autres.
BEAUGENCY. Au fait, tu as raison. Voyons, qu'il se repose s'il est fatigué ; donne-lui de quoi boire s'il a soif. (A part) Je n'aime pas qu'on abandonne son drapeau même pour servir sous le nôtre, c'est toujours déserter.
CROQUETTE, mettant sur la table une bouteille et un verre qu'elle a été prendre dans la chambre à droite. Plante-toi là, mon brave, et arrose-toi.
FAUVEL. Bien obligé, cantinière. Ah çà, je suis bien au village de Walrode, ici ?
BEAUGENCY. A deux petites lieues de la frontière que nous avons invitée à reculer.
FAUVEL, à part. Encore deux lieues à faire et je suis sauvé.
CROQUETTE. De sorte que nous en sommes les seuls habitants par autorité du canon, mille carabines !
FAUVEL. Oui, les Français font une brillante campagne, on les rencontre partout.
BEAUGENCY, à part. C'est drôle, il me semble que la voix de ce particulier-là m'a déjà chatouillé les oreilles.
CROQUETTE. Je vas éplucher les légumes de l'Autriche pour mettre dans notre potage. (Elle s'assied au fond.)
FAUVEL, à part. Dénoncé à Nantes... signalé, poursuivi, condamné par la Convention, mis hors la loi par le Directoire, depuis trois ans je lutte pour échapper à Kléber et à Marceau, je les rencontre partout. Oh ! mais cette fois la protection de l'Autriche m'est assurée... Encore une heure et j'aurai gagné le camp du prince Charles. (Haut.) Dis-moi, mon brave, qu'est-ce qui commande ici ?
BEAUGENCY. Parbleu ! C'est Marceau.
FAUVEL, à lui-même. Marceau ! toujours.
CROQUETTE. Puisque tu es des nôtres à présent, tu dois bien le savoir.
FAUVEL. Je craignais qu'on ne m'eût trompé. Et il est dans ce village ?
CROQUETTE. Pas pour le quart d'heure ; il a été obligé de partir dans la nuit afin d'aller garder le défilé de... de... de... Ah ! je ne pourrais jamais dire ce nom-là... ces diables d'Allemands, ils ont un tas de mots qui ne sont pas français.
BEAUGENCY. Le défilé d'Altenkirchen, où j'enrage de ne pouvoir aller, attendu que je suis de planton ici.
CROQUETTE. Si tu tiens à voir le général Marceau, sois tranquille, il ne tardera pas à revenir.
FAUVEL. Merci... il faut que je rejoigne mon détachement. (A part.) Bientôt tu ne seras plus à craindre pour moi, Marceau ; mais fasse le ciel que je ne te rencontre pas à la portée d'une balle. (Haut.) Au revoir, camarade. (Il sort.)

SCÈNE III

BEAUGENCY, CROQUETTE.

BEAUGENCY, le regardant. C'est ça... c'est ça... oui, j'y suis à présent.

CROQUETTE. Est-ce que tu joues encore la tragédie ?
BEAUGENCY. Cet homme, je le connais, je l'ai vu deux fois oui, le paysan vendéen qui nous a échappé, le directeur de prison de Nantes, l'ennemi de Marceau, c'est lui... Ah ! gredin ! et être cloué ici par la consigne !
CROQUETTE. Elle ne me concerne pas, moi : attends.
BEAUGENCY. Qu'est-ce que tu vas faire ?
CROQUETTE. Rassembler les camarades pour le poursuivre au pas de charge et le cerner dans le bois. (Elle a repris tambour dans la chambre.) En avant, cré coquin ! (Elle sort en battant la charge. Les trois enfants reparaissent sur la porte.)

SCÈNE IV

BEAUGENCY, seul. Me voilà avec les trois mioches sur bras. Si l'ennemi vient, j'en ferai un bataillon carré. (Il rentrer les enfants; en se retournant il voit Pascal sortir de la porte gauche.) Tiens ! et le voyageur qui est arrivé ce matin... cas d'alerte il faudra bien qu'il se montre.

SCÈNE V

PASCAL, BEAUGENCY.

PASCAL, fermant avec précaution la porte. Profitons de son sommeil pour savoir...
BEAUGENCY, allant à lui. N'est-ce pas, camarade, que s'il faut, vous vous montrerez.
PASCAL. Mais je ne me cache pas.
BEAUGENCY. Et que vous ferez le coup de feu comme un autre.
PASCAL. Voilà, je vous l'avoue ce qui m'embarrasserait le plus.
BEAUGENCY. Comment ! vous, un ami du général Marceau, ce que vous m'avez dit... vous venez dans un pays où l'on ne salue qu'à coups de canon, et vous ne connaissez pas le maniement des armes. Alors à quoi donc êtes-vous bon en temps de guerre !
PASCAL. Quand la victoire a choisi ses victimes, il y a des blessures à soigner.
BEAUGENCY. Ah ! vous êtes carabin ? ça à son utilité, et que vous ne sachiez pas vous battre... touchez-là... vous avez mon estime.
PASCAL. Pensez-vous que le général vienne reprendre position dans ce village ?
BEAUGENCY. Ça ne fait pas de doute... Il soupera ici ce soir à moins que le prince Charles, qui commande les Autrichiens n'empêche sa jonction avec Kléber.
PASCAL. L'attendre jusqu'à ce soir !
BEAUGENCY. Donc encore, à moins que la mort qu'il cherche depuis trois ans ne fasse attention à lui, ce qui serait un grand malheur pour la France.
PASCAL. Il cherche la mort ?
BEAUGENCY. Oui, à cause d'une femme qu'il aimait et qu'il a perdue. Il revenait à Nantes pour la venger quand un courrier de la Convention l'a obligé de venir prendre un commandement en Allemagne ; et depuis ce temps-là, il se bat en désespéré et remporte des victoires. Ça profite à la nation, mais ne soulage pas son cœur.
PASCAL. Oh ! il faut que je le voie.
BEAUGENCY. Ce matin, si vous étiez arrivé deux heures plus tôt, vous l'auriez trouvé... mais vous étiez trop fatigué pour courir après lui.
PASCAL. S'il n'y avait pas d'autre obstacle que mes pieds fatigués.
BEAUGENCY. C'est vrai ! vous n'étiez pas seul.
PASCAL. Mais maintenant je puis essayer de parvenir jusqu'à lui.
BEAUGENCY. C'est l'affaire de trois quarts de lieue... en suivant à droite la lisière du bois... Vous m'excuserez si je vous reconduis pas, il n'y a plus que moi de garnison ici.
PASCAL. Oui, restez, et si la personne que je laisse là demande, vous lui direz que je suis près de Marceau. (à lui-même.) Marceau, mon ami, après trois ans, je vais pouvoir te revoir. (Il se dispose à sortir.)

SCÈNE VI

PASCAL, CROQUETTE, BEAUGENCY.

CROQUETTE, arrivant précipitamment. Eh bien, où allez-vous ?
PASCAL. Au camp de Marceau.
CROQUETTE. Il n'y a plus moyen... on ne passe pas.
BEAUGENCY. Qu'est-ce que tu dis là ?

PASCAL. Les communications sont interceptées?
CROQUETTE. Nous sommes cernés, envahis, bloqués, pris comme dans une souricière.
BEAUGENCY. Comment les Autrichiens...
CROQUETTE. Ils sont sur mes talons... ce qui m'a obligé de rebrousser chemin.
BEAUGENCY. Et le faux tyrolien?
CROQUETTE. Nous allions l'atteindre, quand tout à coup une troupe de Hongrois et autres Saxons nous a barré le passage et je n'ai eu que le temps de revenir ici sans avoir pu m'informer pour qui était le coup de feu que j'ai entendu tirer dans la direction du bois.
PASCAL. Il y a un blessé à secourir peut-être?
BEAUGENCY. S'il n'y avait que cela... mais se voir prisonnier sans avoir brûlé une amorce!
CROQUETTE. Ils ont trouvé le village dépourvu de défenseurs, grâce au mouvement de ce matin et ils en profitent pour s'établir ici.
BEAUGENCY. Comme ça... tu as fait la soupe pour les Autrichiens.
CROQUETTE. Eh bien, sapristi, ils ne la mangeront pas, je vais renverser la marmite! (Elle entre à droite.)
BEAUGENCY, regardant dehors à droite. Mais oui, les voilà les ennemis. Au fait je puis toujours en descendre un. (Il va pour tirer sur les Autrichiens qui paraissent au fond.)
PASCAL, l'arrêtant. Que vas-tu faire, mon ami, c'est tuer sans combattre.
BEAUGENCY, posant son fusil au premier plan à droite. Vous avez raison, ça ne serait pas brave.

SCÈNE VII

UN COLONEL AUTRICHIEN, PASCAL, BEAUGENCY, SOLDATS AUTRICHIENS au fond à l'extérieur.

LE COLONEL. C'est ici la maison du bourgmestre.
BEAUGENCY. Oui ; mais il est sorti ; nous l'avons invité hier à déménager par ordre supérieur.
LE COLONEL. Tant pis, car c'est un habile chirurgien, et dans ce moment son secours eût été bien nécessaire.
PASCAL. Je suis Français, monsieur ; mais par état je ne connais pas d'ennemi ; permettez-moi donc d'offrir mes soins à votre blessé.
LE COLONEL. C'est à un compatriote que vous allez les donner.
BEAUGENCY. A un soldat de la République?
LE COLONEL. Victime d'une embuscade, il est tombé par la balle d'un mousquet.
PASCAL. Faites-moi conduire près de lui.
LE COLONEL. J'ai ordonné qu'on le transportât dans cette maison... Le voici.

SCÈNE VIII

LES MÊMES, MARCEAU, OFFICIERS AUTRICHIENS. Marceau paraît porté sur un brancard, par deux Officiers autrichiens. Le Colonel et Pascal vont avec empressement à lui. On dépose le brancard à droite.

PASCAL. Marceau! mon ami! mon frère!... devais-je vous revoir ainsi?
BEAUGENCY. Mon général!... Ah le misérable, il l'a assassiné.
MARCEAU. C'est vous, Pascal, ah! Dieu soit loué, je ne mourrai pas sans vous avoir embrassé.
PASCAL. Ah! nous vous conserverons, mon ami.
MARCEAU, à Pascal qui vent visiter sa blessure. Vos soins sont inutiles, mon ami, je le sais, mais puis-je regretter la vie? Je meurs pour la patrie, dans vos bras, et je vais rejoindre Geneviève.
PASCAL. Marceau, pour la rejoindre, il faut vivre.
BEAUGENCY. Vous entendez, mon général, il faut vivre, c'est l'ordonnance du médecin.
MARCEAU. Que voulez-vous dire?
PASCAL. Mon Dieu, en ce moment dois-je lui avouer?...
(Pendant ce dialogue, Croquette va et vient plusieurs fois, de sa chambre au brancard. Elle a apporté de l'eau, du linge à Pascal, puis, sur le refus de Marceau, elle a reporté ces différents objets dans sa chambre. Le Colonel est allé s'asseoir à la table à gauche. Les deux officiers l'ont rejoint. Il écrit divers ordres, et les officiers partent successivement pour les porter. Ce jeu de scène dure jusqu'au moment où l'on adresse la parole au Colonel.)
MARCEAU, à Pascal. Oh! parlez. C'est l'incertitude, à présent, qui me tuerait. Eh bien, Geneviève?
PASCAL. Elle existe, mon ami.
MARCEAU. Elle existe!
PASCAL. Dans cette même prison de Nantes, d'où elle ne devait sortir que pour marcher au supplice, était une autre jeune fille, son amie, Mathilde de Blançay, dont le fiancé avait été exécuté la veille.
MARCEAU. Oui, je sais... Après... après...
PASCAL. Les parents de Mathilde lui avaient ménagé un moyen d'évasion ; mais elle ne voulut pas survivre à celui qu'elle aimait. Elle eut la pensée, en sacrifiant sa vie, de sauver les jours de mademoiselle de Beaulieu. Elle persuada à son amie que toutes deux pouvaient être sauvées, et la fit partir à sa place, lui promettant de la rejoindre le lendemain. Le soir même, vêtue du costume de Geneviève, répondant à son nom et cachant son visage sous un voile, elle fut conduite à l'échafaud. On ne pouvait soupçonner son généreux sacrifice ; car, pour mieux tromper tous les yeux, durant la marche du funèbre cortège, elle portait votre rose rouge, ce gage d'amour qui ne quittait pas Geneviève et qu'Isidore devait ramasser au pied de l'échafaud.
MARCEAU. Oh! vous me trompez, Pascal, où l'on vous a trompé vous-même ; si, depuis trois ans, Geneviève existait encore, je l'aurais revue, ou du moins elle m'aurait écrit.
PASCAL. A peine sortie de prison, elle fut secrètement embarquée à Nantes sur un navire qui partait pour New-York.
MARCEAU. Cruel ami! et vous ne m'avez pas laissé entrevoir cette espérance!
PASCAL. Longtemps oublié dans un cachot, j'ignorais tout moi-même... Il y a un mois seulement que je fus instruit de ce qui s'était passé par l'un des sauveurs de Geneviève, qui me donna asile chez lui, à ma sortie de prison.
MARCEAU. Elle vit!... Ah! que la mort me semble affreuse maintenant! elle nous sépare ; encore si je pouvais la revoir un instant!... rien qu'un instant.
PASCAL. Vous le pouvez.
MARCEAU. Qu'ai-je entendu.
PASCAL. Geneviève, pour qui l'exil était un supplice, est revenue en Europe. Un ami, averti de son retour, l'attendait à Anvers, où elle a débarqué il y a huit jours. Cet ami a traversé avec elle ces pays ravagés par la guerre pour arriver jusqu'à vous.
MARCEAU. Je vous comprends, cet ami, c'est vous, Pascal!... et Geneviève est ici.
PASCAL. Oui, Marceau, oui, elle est là ; mais comment vous réunir en ce moment?... votre blessure... son désespoir...
MARCEAU. Vous avez raison. Pour prix de tant de courage me voir expirer dans ses bras... ce serait affreux... Mais il faut pourtant que je la revoie... Allez, allez la chercher... cachez-lui votre émotion... je lui dirai rien de mon malheur, j'aurai de la force... je vous le promets... mon amour m'en donnera.
PASCAL, à lui-même. Mon Dieu! tu leur devais du bonheur cependant. (Il entre à gauche.)
MARCEAU, au Colonel. (Il se lève appuyé sur Beaugency.) Colonel, la femme qui va venir ici est la mienne : il faut qu'elle ignore que je vais mourir... je compte sur votre générosité pour ne pas démentir mes paroles.
LE COLONEL. Votre volonté sera respectée, général.
MARCEAU, à Beaugency qui pleure. Tu entends, mon brave, ne lui laisse pas voir ta douleur.
BEAUGENCY, essuyant ses yeux. Il suffit, général ; on se détournera pour pleurer... la voilà.
MARCEAU, contenant ses douleurs. Arrête-toi ô mon sang, ne cesse pas de battre, ô mon cœur, avant que je l'aie embrassée pour la dernière fois!

SCÈNE IX

LE COLONEL, PASCAL, GENEVIÈVE, MARCEAU, BEAUGENCY.

GENEVIÈVE, à la porte. Il est là, dites-vous!... oui, le voici. (Elle court à Marceau.)
MARCEAU. Geneviève, c'est toi... toi, que je presse sur mon cœur. Ah! je n'espérais plus une telle joie!
GENEVIÈVE. Enfin, je ciel nous réunit, et pour toujours.
MARCEAU. Oui, pour toujours, mon amie... toujours! que ce mot est doux.
GENEVIÈVE. Mais qu'as-tu donc?... cette pâleur... cette faiblesse...
BEAUGENCY, à part. Mon pauvre général, il n'aura pas la force...
MARCEAU. C'est l'émotion du bonheur, ma Geneviève ; et puis, ne vois-tu pas qui nous entoure?
GENEVIÈVE. En effet!... des étrangers... des ennemis.
MARCEAU. Des vainqueurs... le sort des armes m'a trahi... je suis prisonnier.

LE COLONEL. Mais ne craignez rien pour votre époux, madame, chacun ici le plaint, le respecte et l'admire.
GENEVIÈVE. Tu es prisonnier ! eh bien, je partagerai ta captivité !
MARCEAU, à part. Mon Dieu ! comment l'éloigner, maintenant ?
GENEVIÈVE, au Colonel. Je suis sa femme, monsieur ; son amour est à moi, son malheur m'appartient.
LE COLONEL. Tout ce que demandera le général Marceau, madame, j'ai ordre de le lui accorder.
GENEVIÈVE. Même la liberté ?
MARCEAU, vivement. Oui, même la liberté, et tu peux faire qu'elle me soit rendue.
BEAUGENCY, à part. Que veut-il dire ?
GENEVIÈVE. Moi ! et comment cela ?
MARCEAU. Kléber a vaincu et pris hier l'un des chefs de l'armée autrichienne, qu'il consente à l'échange des prisonniers, et je suis libre.
GENEVIÈVE. Il y consentira.
MARCEAU. Oui, si tu le lui demandes... Mais hâte-toi de partir... hâte-toi.
PASCAL, à part. Ah ! je comprends son généreux mensonge.
MARCEAU, à Pascal. Monsieur, vous ne refuserez pas un sauf-conduit à la femme du général Marceau... Je la place sous votre protection.
GENEVIÈVE, à Pascal. Vous ne le quitterez pas, vous me le promettez ?
PASCAL. Je vous le promets.
GENEVIÈVE. Oh ! je reviendrai te chercher. (Le Colonel lui remet un laisser passer qu'il vient d'écrire, puis il va parler aux soldats.)
MARCEAU, dont l'épuisement augmente. Oui ; mais pars, pars vite.
GENEVIÈVE. Tu faiblis encore !
MARCEAU. C'est la fatigue, voilà tout.
LE COLONEL, revenant à Geneviève. Madame, l'escorte qui doit vous accompagner jusqu'aux limites du camp est prête.
GENEVIÈVE, à Marceau. Nous nous reverrons bientôt.
MARCEAU, l'embrassant. Oui... (A part.) Dans le ciel !
PASCAL, voyant la faiblesse de Marceau. Partez, partez, Geneviève. (Le Colonel offre la main à Geneviève et la conduit jusqu'au fond de la scène. Pendant ce temps, Marceau, cédant à ses douleurs, tombe sur le brancard en disant d'une voix étouffée :
MARCEAU. Ah ! quelle horrible angoisse !
GENEVIÈVE, déjà au fond, qui a entendu ce cri, revient vivement. Ce cri, Marceau. (Tous les personnages sont de nouveau groupés autour de Marceau. Pascal cherche à éloigner Geneviève.) Vous me trompez tous... laissez-moi, laissez-moi, je ne le quitte plus... mais il souffre... il se meurt... là, là.... (Elle entr'ouvre le gilet de Marceau. La rose tombe.) Ah ! du sang !
BEAUGENCY. Tonnerre ! est-ce qu'il n'y aurait plus d'espoir ?
PASCAL. Il rouvre les yeux.
GENEVIÈVE. Mon ami, tu m'entends ? tu me vois, n'est-ce pas ?
MARCEAU. Oui, je voulais t'épargner une douleur. (Au Colonel.) Colonel, laissez-moi vous adresser une prière.
LE COLONEL. Parlez, général, vous commandez ici.
MARCEAU. Il y a là (il indique la chambre à droite) un drapeau français qu'hier ce brave (montrant Beaugency) a reconquis sur ceux qui nous l'avaient pris : n'en faites pas un trophée de victoire. Permettez qu'il soit enseveli avec moi.
LE COLONEL. Je vous en donne ma parole.

GENEVIÈVE. Il est donc vrai, tu vas mourir ?
MARCEAU. Ah ! ne me plains pas ; ce dernier instant couronne bien ma vie. Ma Geneviève que j'ai tant aimée... J'ai pu presser encore vos deux mains dans les miennes, mes deux anges gardiens sont auprès de moi, et j'ai pour linceul le drapeau de la France. (Il s'enveloppe dans le drapeau que Beaugency a été chercher.) Mon Dieu ! protége la République ; tu vois comment meurent ses enfants. (Il expire, Geneviève est à ses pieds, la tête posée sur ses genoux ; Pascal, Beaugency pleurent sur lui. Les soldats se sont approchés du brancard.)
LE COLONEL, d'une voix émue. Soldats, portez arme ! présentez arme ! (Le peloton exécute ce mouvement et le colonel se découvre. Moment de silence ; puis, grande rumeur au fond.)

SCÈNE X

LES MÊMES, FAUVEL, CROQUETTE, SOLDATS POURSUIVANT FAUVEL.

FAUVEL. Que me voulez-vous ?... pourquoi me poursuivre ?
CROQUETTE. Parce que c'est toi qui as tué le général Marceau... on en est sûr... on t'a vu.
LE COLONEL, se retournant. Est-il vrai ?
BEAUGENCY, levant les yeux. Oui, nous le connaissons, ce ne peut être que ce brigand-là.
FAUVEL. Quand cela serait, j'ai vengé la défaite de l'Allemagne.
LE COLONEL. Par un assassinat, misérable.
FAUVEL, présentant un papier. Colonel, lisez ce sauf-conduit signé par le prince Charles.
LE COLONEL, à lui-même, après avoir lu. C'est vrai, l'Autriche le protége.
BEAUGENCY, saisissant son fusil. Eh bien, la France le punit. (Il ajuste, tire, Fauvel tombe mort.)

DIXIÈME TABLEAU

AU PANTHÉON.

La place du Panthéon.
A gauche et à droite, de vastes tribunes publiques remplies de spectateurs des deux sexes agitant des drapeaux tricolores.
Soldats et peuple sur la place. Galoubet, Beaugency et quatre hussards arrivent, portant les restes de Marceau.
Kléber est à la tête du cortège.
Bonaparte en costume de général, est entouré de son état-major.
Pascal en habit ecclésiastique accompagne le corps de son ami.
Chénier et Talma sont dans l'attitude de la douleur.

KLÉBER. Général Bonaparte, je rapporte à la France les restes de Marceau.
BONAPARTE. Au nom de la patrie, gloire à Marceau !
PASCAL. Honneur et gloire aux enfants de la République !
TOUS. Honneur et gloire aux enfants de la République ! (On agite les drapeaux, les chapeaux, les armes. Tableau.)

FIN

LAGNY. — Imprimerie de A. VARIGAULT.

www.ingramcontent.com/pod-product-compliance
Lightning Source LLC
Chambersburg PA
CBHW070544050426
42451CB00013B/3176